课读经典 ⑧

15 讲精读

苏轼

SU SHI

- -

崔铭 / 著

复旦大学出版社

要趁年轻时啃几部经典

——"课读经典"系列丛书序

戴建业

"屁股下要坐几本书"是曹慕樊师对弟子的告诫。他强调一个人要趁年轻时啃几部经典，这几部经典今后会成为其看家本领，一生都将受用无穷。

去年"世界读书日"前一天，《光明日报》刊发了拙文《阅读习惯与人生未来》。在这篇文章中，我谈到经典阅读常常是挑战性阅读。我把阅读分为消遣性阅读、鉴赏性阅读和挑战性阅读。消遣性阅读就是上网看看明星八卦、海外奇谈，好像无所不看，其实一无所看，不过是打发无聊的时光。下班之后，工作之余，看看文字优美的游记，听听悦耳动人的音乐，翻翻赏心悦目的画册，既能让身心放松，又能陶冶情操，还能获得各种知识，这就是鉴赏性阅读。挑战性阅读就是阅读经典，经典是经过时间淘汰留下来的作品，它们都是人类智慧的结晶。要想挑战自己的智力极限，要想攀登灵魂的珠穆朗玛峰，最佳选择就是挑战性阅读，去阅读那些伟大的经典，去与智者进行精神交流。

在快节奏的时代，人们不仅匆匆忙忙吃快餐食物，也同样匆匆忙忙地品尝精神快餐；不仅中小学生只读节选"名篇"，大学生也只读教材上的"名篇"。我甚至遇到一位研究杜甫接受史的博士，他竟然没有通读过任何一种杜诗注本。如果只读课本上的几首杜诗，你对杜诗可能一无所得，连浅尝辄止也谈不上。明人王世贞在《艺苑卮言》中说："十首以前，少陵较难入。

1

百首以后，青莲较易厌。"读李白诗百首以后"易厌"，纯属他个人的奇怪感受，但读杜甫诗歌十首以前"难入"，倒是道出了实情。读少数节选名篇"难入"，是阅读经典名著的普遍现象。如果读文学名著，只读几篇或几首名文名诗，便难以走进作家的精神世界，难以把握原著的艺术特征；如果读哲学、历史、经济等学术名著，只读几篇节选段落，那肯定不能了解原著的框架结构，不能明白作者的基本思路和逻辑论证。

读一部经典，不仅要知道经典"说了什么"，还要知道作者是"怎么说的"，有时候后者比前者更重要。只知道"说了什么"，而不知道"怎么说的"，那就像俗话说的那样："知其然而不知其所以然""只知其一而不知其二"。这种学习方式，在聚会时夸夸其谈、对别人炫耀博学尚可，但对自己的思维、想象和写作不会有什么帮助。

五六年前，就"死活读不下去的书"这一话题，一家出版社在网上做过一次问卷调查，统计的结果让所有人大吃一惊。在"死活读不下去"的经典名著中，中国四大古典小说赫然在列，其中《红楼梦》竟然高居榜首，而四部名著中数它的艺术成就最高，也数它被公众吐槽最多。这倒印证了一位西方作家的"昏话"——所谓"经典著作"就是大家都说好，但大家都不读的那些书。

谁都知道经典中有无数宝藏，可经典常常"大门紧闭"，大家苦于不得其门而入，不知如何在经典中探宝，如何让经典"芝麻开门"。由于时代的隔阂、情感的隔膜、知识修养的不足、审美趣味的差异，加上时间的紧迫和心境的浮躁，对如今许多中小学生来说，经典简直就是"天书"。

怎样给中小学生打开经典宝藏的大门？

复旦大学出版社的"课读经典"系列丛书，就是一把打开经典宝藏的万能钥匙。

"课读经典"系列丛书中谈到的"经典"，大都是语文教材中涉及的经典作家和经典作品，或只"课读"一部经典作品，如《课读经典1：11讲精读〈世说新语〉》《课读经典4：9章细读〈昆虫记〉》；或"课读"经典作家及其代表作，如《课读经典5：5课精读契诃夫》。

顾名思义，"课读经典"系列丛书主要面向中小学生，语言像课堂口语那样亲切易懂，一翻开"课读"，就像老师亲临课堂，传授学生自学经典的门径，示范阅读经典的方法。只要让学生初尝了经典的"滋味"，他们就会终生爱上经典；一旦先生把他们"领进了门"，学生自然会"各自去修行"。教师在传授学生自学经典诀窍的同时，也激起了他们自学经典的热情。孔子早就说过："知之者不如好之者，好之者不如乐之者。"（《论语·雍也》）学生一旦真正喜欢上了经典，他们一生就离不开经典。

许多学生和家长心里会犯嘀咕：政府和教育界的"整本书阅读"计划，初衷当然非常好，但结果不一定妙。花那么多时间在整本阅读经典上，影响考试成绩怎么办？

"课读经典"系列丛书的编者，早就考虑到了这个问题。在某些经典的"课读"之外，还截取了若干代表性章节与片段，模拟现行阅读考试的方式，设计了系列阅读"思考题"，让沉浸式的经典阅读与注重文本阅读的考试无缝对接。这也让学生养成开卷动笔的好习惯，读经典原著务必要做笔记，学生时代还应该做习题。做笔记和习题的目的，是加深对经典的理解和记忆。

想想看，假如具备了对经典的"穿透力"，同学们以此来应付考试简直就是"降维打击"——思维能力提高了，阅读能力提高了，写作能力提高了，考分自然也就升上去了。一个百米赛跑冠军，还担心他不会走路？

乐为序。

2021 年 5 月 1 日

目录

* 本书所引苏轼诗、词、文版本主要参考《苏轼诗集》(全八册,〔宋〕苏轼著,〔清〕王文诰辑注,孔凡礼点校,1982 年,中华书局)、《东坡乐府笺》(简体版,〔宋〕苏轼著,〔清〕朱孝臧编年,龙榆生校笺,朱怀春校点,2017 年,上海古籍出版社)、《苏轼文集》(全六册,〔宋〕苏轼著,孔凡礼点校,1986 年,中华书局),部分标点符号有修订。部编本语文教材所选诗、词、文遵循教材的版本。

绪言 苏轼的魅力：从宋代『东坡粉』说起

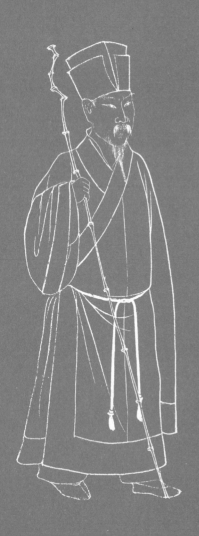

年轻的苏轼就像一颗光彩耀熠的明星，骤然升起在北宋政治、文化领域的上空。他所走的是一条开满鲜花的人生之路。他的成功，既是平凡生活中的奇迹，更是每一位跃跃欲试的青年心中最甜美的梦境。

苏轼，字子瞻，号东坡，眉州眉山（今四川省眉山市）人，生活在北宋中期。他是一位魅力无穷的伟大人物，千百年来，一直是无数中国人心中的"超级偶像"，2000年还被法国《世界报》评选为"千年英雄"。

如果宋代有网红排名，苏轼无疑会是当之无愧的第一名，"头条""热搜"都少不了他。因为，不仅苏轼本人有超强的"吸粉"能力，众多"坡粉"在追星过程中制造话题的本领，也是一个更比一个强。

● **秦观题诗**

"苏门四学士"之一的秦观（字少游），在跻身"苏门"之前，也只是一枚默默无闻的普通粉丝。他一心想拜见苏轼，当然更想让苏轼见到自己、了解自己。秦观二十五岁那年，机会来了！苏轼由杭州（今浙江省杭州市）通判（相当于今天的副市长）调任密州（今山东省诸城市）知州（相当于今天的市长），赴任途中经过扬州（今江苏省扬州市）。秦观家在高邮（今江苏省高邮市），与扬州相邻。不用千里追寻，就能见到心中偶像，真是天大的好消息！

兴奋之余，秦观开始暗暗琢磨，身为一枚小粉丝，最多只不过能在拥挤的人群中，远远看上苏轼一眼，这怎么能令他甘心呢？左思右想，终于想出一条妙计。他猜想，苏轼到达扬州后，一定会去当地的寺庙观光游览，于是提前跑到某座游客必去的寺庙，模仿苏轼的字迹和风格，在墙壁上题诗一首。几天后，苏轼果然来到这里，看到壁上的题诗，大吃一惊，百思不得其解（这时候，小粉丝秦观一定躲在人群中暗自得意）。

三年后，苏轼与好友孙觉相聚。孙觉是高邮人，和秦观家沾亲带故。孙觉拿出秦观写作的诗文百篇，请苏轼批评指正。苏轼读着读着，恍然大悟，笑着说："上次在扬州寺壁上题诗的，一定就是这小子！"

没过多久，秦观便由一名"坡粉"，如愿以偿地晋级为"苏门弟子"！

● 李委吹笛

和秦观追星的奇诡手法不同，有个名叫李委的粉丝，营造了一个特别浪漫的追星场景。

元丰五年（1082），苏轼谪居黄州（今湖北省黄冈市）。十二月十九日（已是1083年初），黄州"坡粉团"在赤壁矶下摆酒设宴，庆贺苏轼四十七岁生日。前临江水，后踞陡崖，临风把酒，意兴浩然。正当酒酣耳热之际，忽有笛声从遥远的江心隐隐传来，极为悠扬悦耳，大家都不约而同地停止了喧哗，侧耳细听。在座有两位"坡粉"精通音乐，他们评价道："这笛声清雅脱俗，不是一般乐工能吹奏出来的。"

不一会儿，一艘小船乘风而来，船上站着一位少年书生。

只见他身着青巾紫袍，手持玉笛，神情爽朗，气质不凡。小船渐渐靠近赤壁，少年拱手向苏轼行礼。

这位少年就是李委。他成天看着苏轼和黄州的"坡粉"们热烈互动，早就想加入进来，又不愿做个普普通通的路人甲，希望能出奇制胜，在偶像心中留下难忘的印象。听说苏轼生日，赤壁矶下有一场盛大的"粉丝见面会"，所以特意创作了一支名为《鹤南飞》的乐曲，前来祝寿。

苏轼连忙邀请他入席就座。坐定之后，李委献上《鹤南飞》，笛声时而超轶绝尘，时而哀怨悲凄，苏轼沉醉其中，飘飘欲仙，仿佛乘鹤高飞，来到九嶷山上，听到娥皇、女英悲悼虞舜的哀哀歌哭。"此曲只应天上有"，他几乎不能相信，如此美妙的笛声竟然不是来自琼楼玉宇的月宫仙境，也不是来自擅于描写山水清音的龟兹古国的宫廷乐师。其时风起水涌，水底的游鱼都浮了上来，随着乐曲在江面起舞；山头的鹊鸟也扑扇着翅膀高高飞起，伴着旋律在空中盘旋。苏轼按捺不住内心的欢喜与激动，即席赋诗，并在诗前写下一段小序，把这件事情记录下来。

◎《李委吹笛图》◎ 图〔元〕朱德润◎ 书法〔清〕翁方纲

这一天,大家痛饮狂欢,大醉而归。李委的精心设计果然效果非凡,令他从千千万万"坡粉"中脱颖而出!

● 美女弹筝

和李委追星手法异曲同工的,是一位女粉丝。苏轼在杭州担任通判时,有一天和几位朋友在孤山临湖亭上闲坐,忽见湖心有一艘画船缓缓驶来,停靠在临湖亭前。船上是几个淡妆的女子,其中一人尤其端庄美丽,年近三十,风姿绰约,姿态娴雅。她旁若无人,低头弹筝,先是一曲《长相思》,接着一曲《高山流水》,筝声缥缈,如梦如幻,如泣如诉。苏轼和他的朋友们都被深深吸引。曲罢,女子起身对苏轼道了个万福,说道:"我自幼仰慕苏大人的才情与为人,对于您的诗文无不尽力搜罗,反复诵读,爱不释手。今天听说您来湖中游玩,特意等候在此,愿献一曲,求一小词,以为终身之荣,不知是否有此幸运?"

苏轼无法拒绝,提笔写下《江城子·湖上与张先同赋,时闻弹筝》一词:

凤凰山下雨初晴。水风清,晚霞明。一朵芙蕖,开过尚盈盈。何处飞来双白鹭,如有意,慕娉婷。

忽闻江上弄哀筝。苦含情,遣谁听?烟敛云收,依约是湘灵。欲待曲终寻问取,人不见,数峰青。

初秋的黄昏,雨过天晴,天空铺洒着明丽的云霞。清凉的晚风掠过水面，一朵即将凋谢的荷花，在霞光映照的涟漪上摇曳生姿。一双白鹭从远处飞来，仿佛被美丽的花儿深深吸引。忽然，江面上传来幽雅的筝曲，情深意长，凄怨哀伤，让人不忍卒听。清冷的曲声使烟收云散，天地改容，仿佛是湘水女神在拨动琴弦，倾诉衷肠。一曲终了，还没来得及问清楚弹琴者的身份来历，她已翩然而去，消失无踪，只有袅袅筝声仍萦绕在远方青翠的山峦之中……

这首词有故事，有人物，但并未以正面描写的笔法来刻画人物，而是以清丽的山水美景、深情动人的音乐进行烘托和映衬，一个超凡脱俗的女性形象顿时跃然纸上，空灵纯净，含蓄隽永。

● 模仿苏轼的衣食住行

类似的"坡粉"故事还有很多很多。有通宵达旦读苏轼诗文，被老婆抱怨，毅然选择离婚的；有花钱雇人，当路拦轿，向苏轼献诗献画的；有跨海追星，甘冒惊涛骇浪风波之险的……

当然，更多的"坡粉"则是通过模仿苏轼的衣食住行，来表达自己对偶像的热爱。

就美食而言，苏轼独家秘制的"东坡肉"风行一时，商家又乘机推出了"东坡饼""东坡鱼""东坡肘子""东坡羹""东坡豆腐""炒东坡"，等等。

就服饰而言，苏轼日常喜欢戴的帽子，一种是高筒帽，一种是低檐帽，分别被称为"子瞻帽""东坡帽"。市面上很多商铺，都打出"东坡同款"的广告，招徕顾客。于是，不仅"坡粉"人手一顶，戴"子瞻帽""东坡帽"甚至成为一种久盛不衰的时尚潮流。由此还产生了许多文艺作品。

有人写对联，讽刺那些装模作样、附庸风雅的"坡粉"：

伏其几而袭其裳，岂为孔子？学其书而戴其帽，未是苏公。

（李廌《师友谈记》）

有人用杂剧表演（相当于今天的滑稽小品）嘲笑那些追随时尚、自以为是的"坡粉"——

几个书生打扮的丑角在台上吹牛，都说自己的文章盖世。你一言，我一语，争得不可开交。这时，一个头戴"子瞻帽"的丑角走上台来，大声喝道："别吵了，我的文章比你们的要好得多！"

"为什么？"其余小丑大惑不解。

"哼，没看见我戴着'子瞻帽'吗？"

这个小品曾在宫廷演出，苏轼本人陪同哲宗皇帝一起欣赏。当头戴"子瞻帽"的小丑上台时，哲宗皇帝会心地笑了，还忍不住回头看了看苏轼。

此外，还有人制作了灯谜：

人人皆戴子瞻帽——打一个人名。

谜底是"仲长统"（东汉哲学家），谐音"众长筒"（众人都戴着长筒"子瞻帽")。

有个制墨的商人名叫潘衡，自称曾在海南为苏轼制墨，"得其秘法"。结果，"潘墨"很快就被炒作成名牌产品，每个读书人都想得到一块，潘衡因此赚了个盆满钵满。

有跟苏家关系密切的人，向苏轼的小儿子苏过求取"制墨秘法"，苏过大笑道："我爸哪有什么秘法！在海南时，潘衡来见，鼓捣着我爸跟他一块制墨。两人在一间小屋子里忙活了好几天，结果还引发了一场火灾，差点把房子都烧了。第二天，从灰烬中找到几块黑炭，碾碎后，熬了些牛皮胶随意调和，制出几十根手指粗的墨条，效果极差。老爸看着他们辛苦收获的'产品'，笑得前仰后合。不久，潘衡就告辞离去。大概后来他在别的什么地方学习了制墨技术。所谓'东坡秘法'不过是个噱头。"

无论是不是噱头，"坡粉"们才不会深究呢，只要跟苏轼沾上点边，他们都乐意买单。

● **围观苏轼**

苏轼每到一地，都会吸引大批民众围观。

元丰元年（1078），苏轼在徐州（今江苏省徐州市）知州任上，遭遇严重的春旱，后来终于迎来甘霖。苏轼到城东二十里的石潭祭谢神灵赐雨，途中经过一个个村庄。村里的人们兴奋异常，人人争先恐后出门，都想·睹知州的风采。尤其是姑娘们，临出门前还不忘匆匆擦上点胭脂红粉，着意打扮一番，然后三五成群地挤在篱笆门前。苏轼走过时，大家拥挤争看，把只有节日才舍得穿的红绸裙也踩破了。有词为证：

> 旋抹红妆看使君，三三五五棘篱门。相排踏破蒨罗裙。
> 老幼扶携收麦社，乌鸢翔舞赛神村。道逢醉叟卧黄昏。
>
> （苏轼《浣溪沙·旋抹红妆看使君》）

元丰七年（1084），苏轼离开黄州贬所，前往庐山游玩。消息很快传遍了庐山上下，所到之处，人们纷纷奔走相告，兴奋地传说："苏子瞻来了！苏子瞻来了！"

这令苏轼十分惊讶，作诗一首：

> 芒鞋青竹杖，自挂百钱游。可怪深山里，人人识故侯。
>
> （苏轼《初入庐山三首·其一》）

元丰八年（1085），苏轼重获启用，被任命为登州（今山东省烟台市蓬莱区）知州。赴任途中，经过他曾经任职的密州，当地父老乡亲，扶老携幼，前来看望当年的父母官：

> 重来父老喜我在，扶挈老幼相遮攀。当时襁褓皆七尺，而我安得留朱颜。
>
> （苏轼《再过超然台赠太守霍翔》）

元祐三年（1088），苏轼在朝担任翰林学士（相当于皇帝的顾问兼秘书）。三月十四日，他前往汴京西池踏青，不仅吸引了众多民众前来围观，而且引发了一场诗歌唱和活动。苏轼的学生黄庭坚也参与了这次活动，并在诗《次韵宋楙宗三月十四日到西池，都人盛观翰林公出邀》中写道：

还作遨头惊俗眼，风流文物属苏仙。

元祐六年（1091），苏轼杭州任满回京，途经扬州。一时之间，万人空巷，扬州城里家家户户的人都跑了出来，都想一睹苏轼的风采。苏轼的学生、扬州通判晁补之曾作诗《东坡先生移守广陵，以诗往迎，先生以淮南旱，书中教虎头祈雨法，始走诸祠，即得甘泽，因为贺》追述当时的盛况：

去年使君道广陵，吾州空市看双旌。

建中靖国元年（1101），经过长达七年的流放，苏轼度岭北归。长期的艰苦生活和长途跋涉，摧毁了他的健康，临近常州（今江苏省常州市）时，他已经病得很重。他戴着帽子，穿着短袖上衣，坐在船中。运河两岸，成千上万的民众追随围观。苏轼跟身边的朋友开玩笑道："不会看杀苏轼吧？"

这里用了《世说新语》中的典故。晋朝著名美男子卫玠进京时，京城人士纷纷前来拜见。卫玠本来体质羸弱，每天接待慕名求见的来访者，积劳成疾，结果病死了，时人称为"看杀卫玠"。

为什么人们喜欢苏轼？

我们不禁要问，为什么人们会如此追捧苏轼？我想，除他在诗歌、散文、词，以及书法、绘画等多方面的杰出成就之外，还有许多其他因素。

首先，苏轼的人生经历极富传奇色彩，同时也极为励志。

嘉祐二年（1057），出身普通家庭、来自偏远地区、年仅二十二岁的苏轼，在进士考试中一战成功，凭借一篇"高考作文"——《刑赏忠厚之至论》，获得文坛领袖欧阳修高度推崇。嘉祐六年（1061），苏轼又在制科考试中取得优异成绩。制科是由皇帝特别下诏、亲自主持、为选拔非常人才而特设的考试。进士考试和制科考试，苏轼和弟弟苏辙双双齐中。器宇轩昂、才华出众的苏氏兄弟，给仁宗皇帝留下了十分深刻的印象。制科考试结束后，仁宗兴冲冲地对皇后说："我今天为子孙得了两个太平宰相！"

苏轼的经历堪称最成功的逆袭，足以令每一位富有雄心与幻想的年轻人心驰神往。欧阳修的高度赞誉，仁宗皇帝的权威性预言，分别在文坛与政界为苏轼描绘出锦绣前程。年轻的苏轼就像一颗光彩耀熠的明星，骤然升起在北宋政治、文化领域的上空。他所走的是一条开满鲜花的人生之路。他的成功，既是平凡生活中的奇迹，更是每一位跃跃欲试的青年心中最甜美的梦境。

而他此后的人生，文坛上发展顺利，仕途中却几起几落，乃至大起大落。但升沉起伏没有消磨他的政治热情，没有斫伤他的勇锐之气，没有让他厌倦人生、变得冷漠，以致最后走向虚无，反而使他成为那个沉重而悲哀的时代里勇敢和乐观的代表。

其次，苏轼的个性极富魅力。

苏轼不是一个只能让粉丝们辛苦仰望的偶像。他十分随和，具有非凡的亲和力。用他自己的话来说，就是"上可以陪玉皇大帝，下可以陪卑田院乞儿"。他胸无城府，口无遮拦，有着同常人一样的喜怒哀乐。

因此，无论什么人跟他在一起，都能感觉自在。不仅自在，还觉得有趣、好玩。因为，他多才多艺，妙语连珠，爱开玩笑，会讲笑话，思想活跃，率性洒脱，永远能带给人惊喜，永远不会让人觉得无聊。跟他相处，悲观的人也会变得乐观、开朗，体会到生活的无穷乐趣。

再次，苏轼的品格令人景仰。

有才、有名的人不一定随和；有才、有名又随和的人不一定有趣；有才、有名、随和、有趣的人如果品行不端，迟早会遭遇断崖式"掉粉"的尴尬。而"坡粉"之于苏轼，几乎都是"一朝粉，终身粉"。根本原因就在于，苏轼是一个正直、仁慈、热情、温厚的人，是一位真正的"不惑"的智者。无论身处坎坷逆境，还是居于轩冕荣华之中，他都能不为外部境遇所左右，始终以主动从容的超越态度面对生活。

总之，苏轼可近、可亲、可爱、可敬。每一个走近苏轼的人都深深地感到，他是我们中的一员，却远远高于我们。

相关作品精读

● 自记庐山诗（节选）

苏 轼

仆^[1]初入庐山，山谷奇秀，平日^[2]所未见，殆^[3]应接不暇，遂发意不欲作诗。已而见山中僧俗^[4]，皆云苏子瞻来矣，不觉作一绝云：

芒鞋^[5]青竹杖，自挂百钱游^[6]。可怪深山里，人人识故侯^[7]。

【注释】

〔1〕仆：谦辞，古代男性的自称。〔2〕平日：有版本作"平生"。〔3〕殆（dài）：几乎。〔4〕已而：不久，继而。僧俗：和尚和百姓。〔5〕芒鞋：草鞋。〔6〕自挂百钱游：表明苏轼此次到庐山不是公务出差，而是自费旅游。〔7〕故侯：曾经做过大官的人。苏轼此时是被贬谪的罪官，所以自称"故侯"。

李委吹笛（并引）

苏　轼

元丰五年十二月十九日，东坡生日。置酒赤壁矶下，踞高峰，俯鹘[1]巢。酒酣，笛声起于江上。客有郭、古二生，颇知音，谓坡曰："笛声有新意，非俗工[2]也。"使人问之，则进士[3]李委，闻坡生日，作新曲曰《鹤南飞》以献。呼之使前，则青巾紫裘，腰笛[4]而已。既奏新曲，又快作数弄[5]，嘹[6]然有穿云裂石之声。坐客皆引满[7]醉倒。委袖出嘉纸一幅，曰："吾无求于公[8]，得一绝句[9]足矣。"坡笑而从之。

山头孤鹤向南飞，载我南游到九疑[10]。下界何人也吹笛[11]，可怜时复犯龟兹[12]。

【注释】

〔1〕鹘（hú）：一种凶猛的鸟类，善于捕食小动物。〔2〕俗工：技艺平庸的艺人。〔3〕进士：宋代科举考试分乡试、省试和殿试三级，通过了乡试的人称为"进士"。〔4〕腰笛：腰间别着一支笛子。腰：古字为"要"，这里是名词作动词。〔5〕数弄：几支曲子。弄：乐曲。〔6〕嘹：声音响亮。〔7〕引满：倒酒满杯而饮。〔8〕公：对成年男性的尊称。〔9〕绝句：一种诗歌形式。〔10〕九疑（yí）：即九嶷，山名，在湖南省宁远县。传说舜帝南巡，久久不归，他的两位妃子娥皇、女英千里寻夫，途

中得知舜帝已死，埋在九嶷山下。娥皇、女英抱竹痛哭，眼泪洒在竹子上，留下了斑点。从此这种带有紫褐色斑点的竹子便被称为"斑竹"，又叫"湘妃竹"。苏轼运用这个典故，即是由竹笛联想到斑竹，又由斑竹联想到娥皇、女英的故事，借以形容笛曲感人至深。〔11〕下界何人也吹笛：称赞笛曲像仙乐一样优美动人。下界：人间，与天上相对而言。古人认为神仙住在天上，称"上界"。〔12〕可怜时复犯龟兹（qiū cí）：称赞笛曲十分新奇。可怜：可喜。犯：乐曲用语，指掺杂使用不同曲调，以增加乐曲的变化。龟兹：古西域国名，在今新疆库车一带，这里指龟兹一带的音乐。

● ## 江城子

苏 轼

湖上与张先〔1〕同赋，时闻弹筝。

凤凰山下雨初晴。水风清，晚霞明。一朵芙蕖〔2〕，开过尚盈盈。何处飞来双白鹭，如有意，慕娉婷〔3〕。

忽闻江上弄哀筝〔4〕。苦含情，遣谁听？烟敛云收，依约是湘灵〔5〕。欲待曲终寻问取，人不见，数峰青〔6〕。

【注释】

〔1〕张先：字子野，宋代著名词人。他比苏轼年长四十七岁，是苏轼的忘年交。〔2〕芙蕖（fú qú）：荷花。〔3〕娉婷

（pīng tíng）：姿态美好的样子。〔4〕哀筝：哀伤的筝声。〔5〕湘
灵：湘水女神。古代传说，舜帝的两位妃子娥皇、女英，得知
舜帝去世的消息后，悲伤过度，投湘水而死，化为湘水女神。
〔6〕"欲待曲终寻问取"三句：化用唐代诗人钱起《湘灵鼓瑟》
诗的名句"曲终人不见，江上数峰青"。

● 浣溪沙

苏　轼

旋抹红妆看使君[1]，三三五五棘篱门。相排踏破蒨罗裙[2]。
老幼扶携收麦社[3]，乌鸢翔舞赛神村[4]。道逢醉叟卧黄昏。

【注释】

〔1〕旋（xuàn）：临时，急忙。使君：对长官的尊称。
〔2〕蒨（qiàn）罗裙：红绸裙。蒨：通"茜"，一种可作红色染料
的植物。〔3〕社：祭祀社神。社神即土地神。当时正值春末夏
初，麦子即将黄熟，老百姓在收麦之前祭祀社神，祈祷丰收。这
一天，人们聚集在社庙，摆上酒、肉及其他食物供奉社神。祭祀
完毕后，再把食物分给大家享用。鲁迅《社戏》就曾描写春社的
情景。〔4〕乌鸢翔舞赛神村：祭神时食物的香味，招惹乌鸦、老
鹰围绕飞翔。乌鸢（yuān）：乌鸦和老鹰，都是很贪食的鸟类。

上编

苏轼的家人

第 1 讲　昔我先君子，仁孝行于家：苏轼的父母

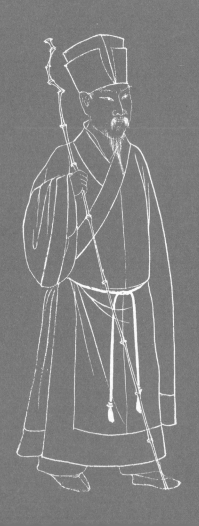

和弟弟苏辙相比，苏轼更加热情开朗，也更加锋芒外露。苏洵告诫他：「我之所以给你取名叫「轼」，就是提醒你：人生在世，不能太直露，应该有所掩饰。」

苏轼的父亲苏洵，字明允，后世的人又称他为"苏老泉"。他个性豪迈，不拘小节。十八岁时，曾参加科举考试，但没有考上。当时科举主要考诗赋，重视华丽的文风和严谨的格律，苏洵感到很受拘束，于是废书不学。亲戚邻里都为他的前途担心，只有父亲苏序似乎胸有成竹，并不强迫他继续读书应考。

苏洵十九岁时，娶了眉山县首富程文应的女儿。程氏孝顺长辈，为人恭谨勤俭，知书达礼。虽从巨富之家嫁到较为贫寒的苏家，但她没有任何不满或傲慢，结婚不久便赢得了全家上下的喜爱。那时，苏洵的祖母还在世，老人家个性严苛，家人走路脚步声稍微重一点，都会受到呵斥。但年仅十八岁的程氏却很合祖母的心意，老人家只要见到孙媳妇就特别开心。

● 安于清贫，不向父母伸手

苏洵的父亲苏序轻财仗义，经常救济穷困的邻里，遇上灾荒年月，甚至不惜卖田卖地，无偿帮助乡亲。因此，和程家相比，苏家经济状况较为窘迫。程氏嫁到苏家后，生活条件自然也变差了不少。她的闺阁姐妹知道她过得清苦，劝说道："你娘家又不是没钱，只要开口求助，父母一定会帮你。

为什么要忍受艰苦的生活，一声不吭呢？"

程氏回答道："确实，对我而言，求助父母没什么不可以。但万一有人因此笑话我的丈夫，说他要靠别人帮助才能养活妻子，那怎么办？"因此，她努力适应清贫的生活，决不寻求娘家的经济援助。

从十九岁到二十七岁，苏洵一直都没有沉下心来读书求上进。程氏内心忧虑，但从没有明确表达。直到有一天，苏洵突然十分感慨地对夫人说："我虽然耽误了这么多年，但自认为现在努力还不算太晚。可是，作为男人，我必须谋生养家，无法专心读书啊！"程氏闻言喜出望外，忙说："其实我早就想劝你，但又不愿你因为我的劝说才读书学习。假如你真的有志向学，家里的事就交给我吧！"

于是，程氏把自己陪嫁的首饰器物全部变卖，筹到一笔启动资金，租了临街的一处房舍，开了一家绸布店，称为"纱縠行"。在她的用心经营下，没过几年，苏家便成为眉山县数得上号的富裕人家。苏洵也得以专心读书。

经过将近两年的准备，二十九岁这年，苏洵第二次进京，参加礼部贡举考试。可是很遗憾，又一次落榜了。他没有气馁，回家后继续发愤努力。三十七岁时，苏洵第三次进京。这一次，他是去参加制科"茂材异等科"考试。在京城，苏洵结识了许多博学有才的士大夫，他的文章也得到了他们的交口称赞。然而，他没有得到考官们的赏识，再次名落孙山。

一次次的失败，令苏洵十分郁闷。他不想直接回家，决定外出游玩散心。先去了嵩山，游赏洛阳（今河南省洛阳市）；接着又去了庐山，游赏虔州（今江西省赣州市）等地。

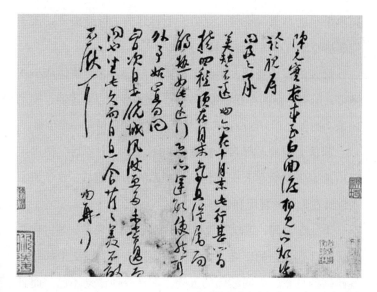

◉《陈元实夜来帖》 ◉〔北宋〕苏洵

当他正准备翻过大庾岭，继续漫游岭南时，却忽然得知父亲苏序去世的噩耗，满怀悲痛，急忙赶回眉山。

● 言传身教，培养孩子的仁心善念

此时，苏轼已经十二岁，苏辙也九岁了。苏洵苦求功名的这些年间，两个儿子的管教全靠程夫人。

程夫人天性善良，又信奉佛教，对世间一切有情生命都心存怜惜。苏家的庭院长满了竹子、松柏和各种各样的花草树木，吸引了许多鸟雀来这里筑巢、栖息。程夫人严禁家人捕鸟取卵，天长日久，来苏家庭院安巢的鸟儿越来越多，不仅不怕人，甚至连鸟窝都筑在低矮的树枝上，小孩子可以俯身观看。苏轼和他的小伙伴常常围在鸟窝边，小心翼翼地触

25

摸热乎乎的鸟蛋。小鸟出壳后，毛茸茸的，可爱极了。孩子们便热心地给小鸟喂食，和它们嬉戏。

母亲的言传身教，培养了苏轼的仁心善念，使他从小就懂得，所有生命的存在都很不容易，人不应该以强凌弱，妄生凶暴、加害之心，而应该仁厚慈悲，尊重和珍惜每一个生命。

苏轼七岁前，母亲亲自教他识字念书。七岁后，便进入眉山道士张易简在天庆观北极院开办的小学读书。放学回家则继续在母亲的督促和辅导下学习。

上小学期间，苏轼不仅熟读了《论语》《老子》等古代典籍，而且受母亲的影响，如饥似渴地读史书。历史上那些大气磅礴的场景，光明峻伟的人物，常常令他激动不已。而且他还喜欢自己总结、归纳历史演变的关键所在。

一天，程夫人跟苏轼兄弟一起读《后汉书·范滂传》。范滂是东汉名士，学问、气节俱佳，深得乡里敬重，担任朝廷官员后，立志改变黑暗的政治现实，使天下清明。当时朝中宦官弄权，政风败坏，仁人志士共起抗争，于是发生了党锢之祸，范滂也被牵连其中。为了坚持自己的理想，他毅然选择舍身就义。母子诀别时，范滂对母亲说："弟弟孝顺，足以供养您。我跟随已故的父亲在九泉之下，存亡各得其所。唯愿母亲善自珍重，不要过于悲伤。"

他母亲说："你为正义而死，死又何恨？人生在世，既想有美好的品德名声，又想长寿富贵，这怎么可以两全呢？"

读到这里，程夫人放下书本，慨然叹息，母子三人都被这一段荡气回肠的历史深深感动，沉浸在一种无比悲壮的情绪之中。一阵沉默过后，年仅十岁的苏轼站起身来，激动地说："母亲，如果我也要做一个范滂这样的人，您同意吗？"

程夫人回答道："如果你能做范滂，我为什么不能做范滂的母亲呢？"

在母亲春风化雨般的教诲下，少年苏轼立下了远大志向，要做一个为理想、为正义不惜以死相争的时代巨人！

● 父子共读，苏家少年初长成

苏洵从赣州回家后，重新思考自己的人生之路，决心放弃科举，不再以获取功名利禄为目标，而要成就千古不朽的学术事业。他将以往为应付考试而写下的数百篇文章全部烧掉，开始系统地阅读《论语》《孟子》以及韩愈文章等圣贤经典，深入思考，探寻古今成败的内在规律，向前代圣贤学习如何面对人生的得失祸福。与此同时，鉴于自己少年时代没能踏实学习而荒废半生的惨痛教训，苏洵决定好好培养两个儿子，以免他们重蹈自己的覆辙。

一方面，苏洵命苏轼兄弟师从眉山的博学之士刘巨。刘巨，字微之，在眉山城西开办了一所学校，名为"寿昌院"，跟随他读书的学生有上百人。另一方面，他将辅导儿子的任务从夫人手中接过来，制定了一整套严谨的学习计划。

苏洵对儿子的管教极为严厉。五十年后，苏轼偶然梦见跟随父亲读书时的情景，还心有余悸。梦中，他像小时候一样正玩得高兴，忽然听说父亲要检查功课，吓得赶紧临时抱佛脚。可是父亲布置的功课，每天都有具体的安排，不能有半点儿松懈。到了规定该读完《春秋左氏传》的日子，苏轼还只粗略读到其中桓公、庄公的部分，不到这部书的一半。他又着急，又害怕，心脏也跟着扑通扑通乱跳，猛然从梦中惊醒，却好半天都没缓过神来，就像鱼儿吞了钓钩……在父亲的严厉督促下，苏轼不敢以天资聪颖沾沾自喜，而是终日苦学不辍。他与儿时的玩伴都暂时中断了来往，就连园子里的鸟雀花草也没有时间看上一眼，两耳不闻窗外事，一心一意读书作文。

除了每天严格按照计划读书作文，休息的时候，苏洵也会给两个儿子讲他在外游学的见闻。例如，苏洵在虔州天竺寺看到寺壁上有一首唐代著名诗人白居易的题诗：

> 一山门作两山门，两寺元从一寺分。东涧水流西涧水，南山云起北山云。前台花发后台见，上界钟清下界闻。遥想吾师行道处，天香桂子落纷纷。

（白居易《寄韬光禅师》）

这首诗是白居易为杭州灵隐寺韬光禅师所作。杭州有武林山（又名灵隐山），山上有两条溪涧。灵隐寺在山北，天竺寺在山南。两条溪涧绕山而下，在峰前合流。白居易的诗巧妙地运用复迭、回环、对仗等多种修辞手法，将武林山上的地形地貌以及两座寺庙的地理位置，描写得十分生动有趣。后来，韬光禅师离开杭州，到虔州天竺寺住持，同时也将白居易这首诗带到了虔州，并刻写在寺院的墙壁上。

当时通行的白居易诗集中都没有收录这首诗，苏轼也是从父亲的讲述中第一次知道，并由此领悟到，还有很多优秀的作品散落在书本之外，也明白了处处留心皆学问的道理。

对于两个聪明颖悟的儿子，苏洵寄予了殷切的期望。和弟弟苏辙相比，苏轼更加热情开朗，也更加锋芒外露。苏洵担心，这一性格特点会给他的人生之路平添变数。因此，语重心长地加以告诫道："车轮、车辐、车盖、车轸，作为车的部件，各有各的功用。而车轼，虽然也是车的部件，却似乎并没有什么实际的用处。可是，一辆车若没有车轼，则终究不能算一辆完整的车。我之所以给你取名叫'轼'，就是提醒你：人生在世，不能太直露，应该有所掩饰。"

至于小儿子苏辙，苏洵倒是比较放心。他性格沉稳内敛，虽然不能侥幸得福，但也不易招惹灾祸。就像车子碾过路面留下的印迹：车子运输之功，车辙无缘分享；车子翻覆之祸，也与车辙无关。

"知子莫若父"，此后兄弟二人的生平经历，证明父亲对儿子的预测相当准确。

● **经典名篇《六国论》**

又是将近十年过去，苏轼、苏辙都已长成英气逼人的青年才俊，苏洵也通过长期努力，成为一名思想深刻、纯明笃实的博学之士。

这些年，苏洵写下了大批政论与史论文章，不仅对古代历史、政治、经济、军事等问题有独到见解，而且他的文章往往具有很强的现实针对性。如著名的《六国论》。

战国后期，韩、赵、魏、楚、燕、齐六个诸侯国先后被秦国所灭。苏洵指出，六国灭亡分三种情况。其中韩、魏、楚三国因惧怕秦国，不敢与之作战，纷纷用土地贿赂秦国，"今日割五城，明日割十城"，希望换得"一夕安寝"，但是适得其反，"诸侯之地有限，暴秦之欲无厌（满足），奉之弥繁，侵之愈急"，最后三国率先灭亡，也是理所必然。燕、赵两国能坚守国土，决不贿赂秦国，可惜最后秦国将其他诸侯国消灭得差不多了，燕、赵两国孤立无援，战败而亡，乃是不得已。至于齐国，作为东方大国，虽然没有贿赂秦国，但它一直奉行与秦国结交而不援助其他各国的外交政策，结果"五国既丧，齐亦不免矣"！归根结底，"六国破灭，非兵不利，战不善，弊在赂秦"。在详细分析了六国灭亡的原因之后，苏洵正面提出封赏谋士、礼遇奇才、同心协力、抗击强秦的主张。

文章借古讽今，表达了苏洵对宋朝外交政策的不满。当时，华夏大地上，与大宋并立的还有大辽与大夏两个国家。其中契丹族建立的大辽占据东北，党项族建立的大夏僻处西北，汉族建立的大宋则拥有中原地区以南的大片国土。这三个国家中，大宋经济繁荣，文化昌盛，但军事力量比较薄弱。景德元年（1004），为了求得边境的安宁，宋、辽两国订立澶渊之盟，两国约为兄弟之国，宋国每年助辽国军旅之费，银10万两，绢20万匹；庆历二年（1042），又每岁增金帛20万，改"助"为"纳"；庆历四年（1044），宋、夏两国也签订了和平协议，大夏对大宋称臣，大宋每年赐大夏银7.2万两、绢15.3万匹、茶3万斤。苏洵认为，这样的做法是以天下之大而走六国灭亡的老路。他强烈呼吁不要被强敌吓倒，重蹈六国的覆辙。

嘉祐元年（1056）三月，苏洵第四次进京。这一次，他不仅带着几十篇足以传世的不朽杰作，还带着两个才华出众的儿子。

父子三人于五月到达京城。苏轼、苏辙立即投入科举考试的复习准备中，苏洵则上书文坛领袖、翰林学士欧阳修，并附上自己撰写的文章，以及四川几位地方官为他写的推荐信。

欧阳修读完苏洵的文章，大为赞赏，并极力向朝廷推荐。他说："苏洵所作《权书》《衡论》《机策》等二十篇文章，辞辨闳伟，博于古而宜于今，确实是有用之言。"

在欧阳修的热情揄扬下，整个汴京（今河南省开封市）城里的公卿士大夫都争相传阅苏洵的文章。第二年春天，苏轼、苏辙又双双考中进士。于是，父子三人名动京师，苏氏文章遂擅天下！

相关作品精读

异鹊（节选）

苏　轼

　　昔我先君子[1]，仁孝行于家。家有五亩园，幺凤[2]集桐花。是时乌与鹊，巢鷇可俯拏[3]。忆我与诸儿，饲食观群呀。里人惊瑞异[4]，野老笑而嗟[5]。云此方乳哺，甚畏鸢与蛇。手足之所及，二物不敢加。主人若可信，众鸟不我遐[6]。

【注释】

〔1〕先君子：指苏轼的父母。先：对死去的人的尊称。〔2〕幺凤：一种小鸟，有着五彩斑斓的羽毛，总是在桐花开的时候出现，又称"桐花凤"。〔3〕鷇（kòu）：初生的小鸟。拏（ná）：拿。〔4〕瑞异：象征吉祥的奇异事物。〔5〕野老笑而嗟：指乡野老人不认同瑞异之说。野老：乡野老人。〔6〕"云此方乳哺"六句：乡野老人根据自己的生活经验，对苏家庭园百鸟云集的解释。老人认为，鸟雀在孵化幼仔的时候，最害怕老鹰和蛇等天敌。在人类居住的庭园，蛇和老鹰都不敢出现。如果庭园主人爱护鸟雀，鸟雀就不会远离我们。

记先夫人不残鸟雀

苏　轼

少时所居书堂前，有竹柏杂花丛生满庭，众鸟巢其上。武阳君恶杀生[1]，儿童婢仆皆不得捕取鸟雀。数年间，皆巢于低枝，其鷇可俯而窥。又有桐花凤，四五日翔集其间。此鸟羽毛至为珍异难见，而能驯扰[2]，殊不畏人。闾里间见之，以为异事。此无他，不忮之诚，信于异类也[3]。有野老言：鸟雀巢去人太远，则其子有蛇鼠狐狸鸱[4]鸢之忧，人既不杀，则自近人者，欲免此患也。由是观之，异时鸟雀巢不敢近人者，以人为甚于蛇鼠之类也。"苛政猛于虎"[5]，信哉！

【题解】

先夫人：指苏轼的母亲程氏。

【注释】

〔1〕武阳君：苏轼母亲程氏的封号。按照古代推恩制度，儿子做官后，朝廷也会给他的父母授予相应的官位或封号。恶杀生：厌恶杀害生命。〔2〕驯扰：驯服。〔3〕"此无他"三句：这并没有什么神奇的，只要不存忌恨之心，便能取信于异类。忮（zhì）：忌恨。〔4〕鸱（chī）：猫头鹰一类的猛禽。〔5〕苛政猛于虎：出自《礼记》。原文："孔子过泰山侧，有妇人哭于墓者而哀。夫子式而听之，使子路问之，曰：'子之哭也，壹似重有忧

者。'而曰：'然。昔者吾舅死于虎，吾夫又死焉，今吾子又死焉。'夫子曰：'何为不去也？'曰：'无苛政。'夫子曰：'小子识之，苛政猛于虎也！'"译文："孔子路过泰山旁，看到一个妇人在坟墓前痛哭。孔子停下车听了一会，派子路前去询问：'您哭得这么伤心，好像一再遭遇不幸啊。'妇人回答道：'是的。以前我公公被老虎咬死，后来我丈夫也被老虎咬死，现在我儿子又被老虎咬死了。'孔子说：'为什么不搬走呢？'妇人说：'这里没有繁重的赋税和苛刻的法令。'孔子听了十分感慨，对学生们说：'年轻人啊，你们要记住：残酷的政治比老虎更可怕！'"

名二子说

苏 洵

轮、辐、盖、轸[1]，皆有职[2]乎车，而轼独若无所为者[3]。虽然，去轼则吾未见其为完车也。轼乎，吾惧汝之不外饰[4]也。

天下之车莫不由辙[5]，而言车之功者，辙不与焉。虽然，车仆[6]马毙，而患亦不及辙。是辙者，善处乎祸福之间也。辙乎，吾知免矣。

【题解】

庆历七年（1047）作。当时，苏洵三十九岁，苏轼十二岁，苏辙九岁。

34

〔1〕轮：车轮。辐：车轮上连接轮圈与轮毂的木条。盖：车上用来遮阳挡雨的顶篷。轸：车厢底部四面的横木。〔2〕职：功用。〔3〕轼：古代车厢前的横木。无所为者：无用的东西。〔4〕外饰：修饰，掩饰。〔5〕辙：车轮碾过留下的印迹。〔6〕车仆：翻车。仆：仆倒。

● 六国论

苏　洵

六国破灭，非兵不利，战不善，弊在赂秦[1]。赂秦而力亏，破灭之道也。或曰：六国互丧，率赂秦耶[2]？曰：不赂者以赂者丧。盖失强援，不能独完。故曰：弊在赂秦也。

秦以攻取[3]之外，小则获邑[4]，大则得城。较秦之所得，与战胜而得者，其实百倍；诸侯之所亡，与战败而亡者，其实亦百倍。则秦之所大欲，诸侯之所大患，固不在战矣。思厥先祖父，暴霜露，斩荆棘[5]，以有尺寸之地。子孙视之不甚惜，举以予人，如弃草芥。今日割五城，明日割十城，然后得一夕安寝。起视四境，而秦兵又至矣。然则诸侯之地有限，暴秦之欲无厌[6]，奉之弥繁[7]，侵之愈急。故不战而强弱胜负已判[8]矣。至于颠覆[9]，理固宜然。古人云："以地事秦，犹抱薪[10]救火，薪不尽，火不灭。"此言得之。

齐人未尝赂秦，终继五国迁灭[11]，何哉？与嬴[12]而不助五国也。五国既丧，齐亦不免矣。燕赵之君，始有远略，能守其土，义不赂秦。是故燕虽小国而后亡，斯用兵之效也。至丹以荆卿为计，始速祸焉[13]。赵尝五战于秦，二败而三胜。后秦击赵者再，李牧连却之。洎牧以谗诛，邯郸为郡[14]，惜其用武而不终也。且燕赵处秦革灭殆尽[15]之际，可谓智力孤危[16]，战败而亡，诚不得已。向使[17]三国各爱其地，齐人勿附于秦，刺客不行，良将犹在，则胜负之数，存亡之理[18]，当与秦相较，或未易量。

呜呼！以赂秦之地封天下之谋臣，以事秦之心礼天下之奇才，并力西向，则吾恐秦人食之不得下咽也。悲夫！有如此之势，而为秦人积威之所劫[19]，日削月割，以趋于亡。为国者无使为积威之所劫哉！

夫六国与秦皆诸侯，其势弱于秦，而犹有可以不赂而胜之之势。苟以天下之大，下而从六国破亡之故事[20]，是又在六国下矣。

【注释】

〔1〕赂秦：指割让土地给秦国以求暂时的安宁。赂：赠送财物，用财物买通。〔2〕"六国互丧"二句：六国接连灭亡，都是因为赂秦吗？互：前后相连。率（shuài）：都。〔3〕攻取：以战争的方式获得。〔4〕邑（yì）：小城。〔5〕"思厥先祖父"三句：回想六国君主的先辈们，披荆斩棘，艰苦创业。厥（jué）：其，他们，这里指六国君主。暴霜露：暴露在野外，形容生活艰苦。斩荆棘：斩除挡道的荆棘，比喻创业艰辛。〔6〕暴秦之欲无

厌：残暴秦国的欲望永远不能满足。厌：餍，饱。〔7〕弥繁：越多。〔8〕判：分明，清楚。〔9〕颠覆：颠倒，倾覆。即亡国。〔10〕薪（xīn）：柴火。〔11〕迁灭：灭亡。亡国后，传国之宝都被战胜国拿走，所以称"迁灭"。〔12〕与嬴：投靠嬴姓的秦国。〔13〕"至丹以荆卿为计"二句：直到燕太子丹派荆轲刺杀秦王，才招来秦国进攻的大祸。速：招致。〔14〕"洎牧以谗诛"二句：等到李牧被小人诬陷谋反而被杀（赵军被秦军击败，赵国灭亡），都城邯郸成为秦国下属的一个郡。洎（jì）：及，到。郡：古代行政单位。〔15〕革灭殆尽：差不多把其他诸侯国消灭光了。革灭：消灭。殆：差不多，几乎。〔16〕智力孤危：势单力孤，无计可施。智：对付秦国的计谋。力：军事力量。〔17〕向使：如果当初。向：以前。使：假使，如果。〔18〕胜负之数，存亡之理：胜败存亡的天理命运。数（shù）：定数，即天命。〔19〕为秦人积威之所劫：被秦人强大的威势所挟制。积威：强大的威势。劫：胁迫，挟制。〔20〕故事：过去的事。

第 2 讲 与君世世为兄弟：苏轼与苏辙

苏轼曾感叹：「嗟余寡兄弟，四海一子由。」苏辙也说：「手足之爱，平生一人。」

苏洵和程夫人先后养育了三子、三女。可是，大女儿、二女儿和大儿子都不幸夭折了。和苏轼一起长大的，只有姐姐八娘和弟弟苏辙（字子由）。八娘聪明伶俐，又受到极好的家庭教育，不仅学习针线、纺织、刺绣等女红，而且读书明理，志趣高华，长于写诗作文。十六岁那年，八娘出嫁了，嫁给舅舅程濬的儿子程之才。谁知结婚后，婆家对她很不好，八娘整日郁郁寡欢，忧伤成疾，不到两年就去世了。自元、明、清到现在，民间流传着许多有关"苏小妹"的故事，如《苏小妹三难新郎》《东坡戏妹》等。其实，这些故事纯属虚构。

● 四海一子由

八娘死后，同胞手足就只剩兄弟二人。因此，苏轼曾感叹："嗟余寡兄弟，四海一子由。"苏辙也说："手足之爱，平生一人。"

苏轼比苏辙大三岁（按农历）。兄弟俩从小一起玩耍，一处学习。一同在天庆观小学读书，又一道进入寿昌院中学。放学回家，一块在父母的督促下博览群书。作为哥哥，苏轼对弟弟十分关爱。两人一同外出，登山涉水，苏轼总是走在前面；每当得到什么好物件，也总是第一时间跟弟弟分享。他喜欢亲切地喊弟弟的小名：卯君、阿同——这个习惯一直持续到老年。他记得弟弟小时候的种种趣事。

有一天下大雨，兄弟二人放学后没法按时回家。他们便在学堂里和同学程建用、杨尧咨一起联句赋诗，一人一句，相联成篇。程建用看到院子里的松树在雨中俯仰摇曳，抢先说道："庭松偃仰如醉。"杨尧咨立即接道："夏雨凄凉似秋。"

古诗讲究起、承、转、合的章法结构，这开篇两句，一起一承，非常自然。而最难的则是第三句，需要在前两句的基础上生发一层新的意思。但是，这难不倒苏轼，他不慌不忙地吟道："有客高吟拥鼻。"

从自然景物，引入人事，并巧妙地运用了《晋书·谢安传》中的典故：东晋名相谢安患有鼻炎，吟诵诗文时，发声偏于重浊，大家都觉得听起来特别高雅。于是，为了使自己的吟诵更加优美，有人便用手捏着鼻子来模仿谢安的发声。后来，"拥鼻吟"即指用雅音曼声吟咏。苏轼则借以描写他们联句赋诗的场景，十分贴切。

最后轮到十一岁的苏辙，因为肚子饿了，他正在啃着中午从家里带来的冷馒头，心不在焉，于是脱口而出："无人共吃馒头。"

大家笑得前仰后合。

● **兄弟相互欣赏**

苏轼二十岁时，学业初成，父亲便将指导弟弟的重任交付给他。对于才气飞扬的哥哥，苏辙终其一生都充满了敬重与仰慕，他说："抚我则兄，诲我则师（他既是我的哥哥，又是我的老师，他爱护我，教导我）。"并常常感叹自己资质鲁钝，凭借父兄的影响力才得以闻名于世，因此深感惭愧。

苏轼却觉得弟弟各方面都比自己更加优秀。首先，子由为人，怎么想就怎么说，是诚实不欺的君子；其次，子由从小心胸旷达，天资近道，是通达事理的智者；再次，苏轼甚至对学生说："子由的文章实际上比我写得好，只是他为人低调，不为世俗所知，他的文章就像他的为人，汪洋澹泊，有一唱三叹之声，其中透露着秀杰之气。"因此，他情不自禁地称赞道："岂独为吾弟，要是贤友生（他岂止是我的弟弟，更是我的益友）。"

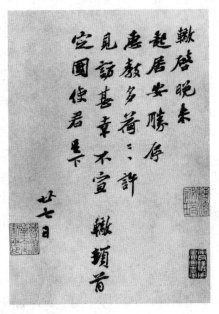

《晚来帖》 〔北宋〕苏辙

事实证明，苏辙确实实力不凡。嘉祐二年（1057），年仅十九岁的苏辙与哥哥同举进士；嘉祐六年（1061），兄弟二人又在难度更大的制科考试中再次双双高中，赢得仁宗皇帝"两宰相"的高度赞誉。这可把父亲高兴坏了！欢喜激动之余，苏洵不禁感慨道："莫道登科易，老夫如登天。莫道登科难，小儿如拾芥（小草）。"

在这次名为"贤良方正、能直言极谏科"的制科考试中，苏轼名列第三等，苏辙考入第四等。这是极大的荣誉！两宋三百多年，制科录取不过四十人次。其中第一、二等皆为虚设，实际最高等级为第三等，接下来是第三次等、第四等、第四次等，第五等则不予录取。苏轼之前，只有一人得过第三次等，其他都在四等以下。本来，苏辙也有机会名列第三等，但是由于他的文章论说朝政得失，批评仁宗皇帝，言辞极为犀利，在考官中引起激烈争论，经过反复商议，最后定为第四等。

● "夜雨对床"之约

锦绣前程展现在苏轼兄弟面前，但是他们内心却十分矛盾复杂。一方面，满怀理想与激情，希望尽快奔赴工作岗位，施展才华抱负；另一方面，又不愿面对兄弟分离、天各一方的现实。这种矛盾复杂的心情，早在制科考试前就已在他们心头浮现。

当时正是暑热犹存的初秋季节，为了复习备考，他俩从家里搬出来，住在怀远驿，挥汗如雨，闭门苦读。一天傍晚，忽然狂风大作，摇落了窗外缤纷的树叶，吹来了满天的乌云。很快，淅淅沥沥的雨声响起，天地间顿时充满凄凉肃杀之气。兄弟二人却恍惚浑然不觉，一动不动地伏案攻读。昏黄的灯光下，他们专心致志地阅读唐代诗人韦应物的诗集。夜半时分，气温骤降，身体单弱的苏辙感受到阵阵寒意，于是放下书本，起身加衣。转身之际，却发现哥哥正满含热泪地凝视着自己。

原来，苏轼刚好读到韦应物《示全真元常》一诗，心有所感，触景生情。全真、元常是韦应物的两个外甥，甥舅三人偶然在滁州相聚，很快又将各自踏上旅途。韦应物感叹道："宁知风雪夜，复此对床眠。"

意思是说，今夜风雪交加，我们对床畅谈，真是无比快乐！不知以后哪一天才能重温这样的美好时光……

苏轼与弟弟从小到大，形影不离，二十多年来，没有一日分离。然而，一旦踏上仕途，便将相隔千里，兄弟同窗共读、对床夜语的平常光景，也将难以复得。想到这些，不能不令人黯然神伤！苏辙连忙走过去，紧紧握住哥哥的双手。此时，风摇树影，雨声大作，兄弟俩郑重相约：人生短暂，亲情无价，日后功成名就，完成社会的责任和义务，一定及早退隐，携手回到故乡，纵情山水，共享兄弟之情、闲居之乐！

● **月夜的思念**

带着彼此的誓约，带着万千的不舍，兄弟俩踏上了各自的征程。此后的四十年，他们不仅聚少离多，而且经历了无数风雨、坎坷，但始终在政治上携手进退，在患难中相互扶持，物换星移，友爱弥笃。翻开苏轼的诗集、文集、词集，思念弟弟的作品真是数不胜数！

《水调歌头·丙辰中秋，欢饮达旦，大醉，作此篇，兼怀子由》就是其中最脍炙人口的一篇。当时苏轼在密州，将近五年没有见到苏辙。中秋之夜，明月当空，举杯望月，想起远方的弟弟，想起流水般一去不返的岁月，心中生起无限感慨：

明月几时有？把酒问青天。不知天上宫阙，今夕是何年。我欲乘风归去，又恐琼楼玉宇，高处不胜寒。起舞弄清影，何似在人间。

转朱阁，低绮户，照无眠。不应有恨，何事长向别时圆？人有悲欢离合，月有阴晴圆缺，此事古难全。但愿人长久，千里共婵娟。

词的上片，从问天发端，对比月宫仙境与地上人间。月宫的纯洁美好令苏轼无比羡慕，发出"我欲乘风归去"的呼声。但是紧接着，理性思辨精神又使他跳出片面、凝固的立场，转换视角和思路——据说，那琼楼玉宇之中空旷、寒冷，嫦娥在玉兔的陪伴下没日没夜地捣药，吴刚因天帝的责罚永不休止地砍树。可见，仙界并非全然美好，同样不能圆满，同样只得有缺陷的美好。或许在我们视线的尽头，在美丽的月宫中，嫦娥、吴刚正无比神往地注视着这个在我们看来如此凡庸的人世间呢。这就是人生的一大悖论，拥有的永远不觉得美好，美好的又似乎总在无法企及的地方。

经过这一番矛盾和思索，诗人肯定了现实。因此，下片便从承认人生的缺陷出发，探求自处之道。月亮的阴晴圆缺是人力无从改变的自然现象，人生的悲欢离合也是我们无法逃避的永恒缺憾。与其沉浸在无益的忧伤中日渐憔悴，不如与远方的亲人相互慰勉，彼此珍重。只要各自安好，纵然相隔千里，也能共赏同一轮明月。心意相通，恍如咫尺相依，不也很令人安慰么？

● 不断提起的誓约

就这样，在别离的旅途中，在短暂相聚的美好时刻，在花好月圆的良宵，在雨雪纷飞的日子，在千万个白昼与黑夜，他们保持着密切的书信往来，书写着彼此的牵挂与思念，更一次次提起怀远驿中风雨之夕立下的誓约，兄弟二人反反复复相互叮咛，相互确认：

寒灯相对记畴昔，夜雨何时听萧瑟？君知此意不可忘，慎勿苦爱高官职。

（苏轼《辛丑十一月十九日，既与子由别于郑州西门之外，马上赋诗一篇寄之》）

嘉祐六年（1061），苏轼第一次与弟弟分别后，在诗中重申旧约，殷殷嘱咐：子由啊，今夜寒灯独对，你可会想起怀远驿中我们立下的誓言？何时才能相见？何时才能再一次对床共语，听窗外夜雨萧瑟？子由啊，相知相得、相亲相爱的兄弟情谊是多么难得，千万不要贪恋高官厚禄、荣华富贵呀！这一年，苏轼二十六岁，苏辙二十三岁。

逍遥堂后千寻木，长送中宵风雨声。误喜对床寻旧约，不知漂泊在彭城。

（苏辙《逍遥堂会宿二首·其一》）

熙宁十年（1077）初秋，长久分别之后，兄弟俩有幸在徐州相聚。这一年，苏轼四十二岁，苏辙三十九岁。他们在逍遥堂对床夜语，窗外夜雨淅沥，秋风飒飒，高大的树木在风雨中飘摇……此情此景，何其相似！虽星移斗转，时光飞逝，兄弟情谊却没有丝毫改变。

是处青山可埋骨，他时夜雨独伤神。与君今世为兄弟，又结来生未了因。

（苏轼《予以事系御史台狱，狱吏稍见侵，自度不能堪，死狱中，不得一别子由，故作二诗授狱卒梁成，以遗子由二首·其一》）

元丰二年（1079），苏轼因作诗讽刺新法而被捕入狱，关押在御史台的监狱中，史称"乌台诗案"。骤然之间遭遇灭顶之灾，苏轼以为自己会屈死狱中，从此再也见不到弟弟，再也不能履践"夜雨对床"的旧约，作上文诗。苏轼不知道，得知哥哥被捕，苏辙连夜赶写了一份奏章，请求解除自己现有的官职，为兄长赎罪；他也不知道，他的夫人和孩子都已被接到苏辙家里，两家人同甘共苦，共同面对这突如其来的暴风雨。

对床贪听连宵雨，奏事惊同朔旦朝。

（苏辙《五月一日同子瞻转对》）

元祐三年（1088），苏轼任翰林学士兼侍读（相当于皇帝的顾问兼老师），苏辙任户部侍郎（户部掌管全国户口、土地、钱谷、赋税等政令，侍郎相当于副部长），兄弟俩同一天轮流上殿指陈时政得失，苏辙作上文诗。大约有三年多，他们相聚京城，同朝为官，这真是两人仕宦生涯中极为难得的一段岁月。那时两家相距很近，下班后苏辙总是先到哥哥家盘桓一阵，尽情重温"对床夜语"的美好时光。

> 孤负当年林下语，对床夜雨听萧瑟。恨此生，长向别离中，凋华发。

（苏轼《满江红·怀子由作》）

元祐七年（1092），苏轼由颍州（今安徽省阜阳市）调任扬州。苏辙在京城任尚书右丞（副宰相），来信约哥哥趁赴任之便绕道回京小聚。然而，当时朝政斗争复杂而激烈，苏轼对此深感厌倦，不愿涉足是非之地，虽然十分想念弟弟，却没有接受邀约。此时，苏轼比任何时候都更为迫切地渴望和弟弟一起退隐归田。他计划到扬州不久，就申请调往江陵（今湖北省荆州市），然后再申请调往梓州（今四川省梓州市），就这样逆江而上，带着所有藏书，一步步走近故乡。最后申请退休，回到眉山筑室种果，等待弟弟回来一起养老。

遗憾的是，作为朝廷命官，他们身不由己。

● 最后的相聚

绍圣元年（1094），政局发生了重大变化。新党执政，排挤和打击旧党人士，苏轼兄弟先后遭到贬谪。那时，苏轼年近花甲，苏辙也早已过了半百之年。他们在不同的地方，度过了七年极为艰难的贬谪岁月。这七年中，兄弟俩仅有一次偶然的机会匆匆相聚。

那是绍圣四年（1097）的五月，苏轼正跋涉在由惠州（今广东省惠州市）再贬儋州（今海南省儋州市）的路上。到达梧州（今广西壮族自治区梧州市）时，他听说弟弟苏辙也由筠州（今江西省高安市）再贬雷州（今广东省雷州市），现在已经到达藤州（今广西壮族自治区藤县），而梧州与藤州相距不过二百五十里地。听到这个消息，苏轼非常惊喜，加快步伐赶往藤州，并以诗代信，派快马送去。五月十一日，苏轼终于赶上了弟弟。兄弟俩在路旁小饭店坐了下来，互相看了看对方因奔波劳顿而略显疲惫的面容，很快又像往常一样说笑起来。难得的聚会，兄弟的情谊，似乎使他们忘记了自己正在贬谪途中。他们又跟少年求学时期一样，同睡同起，形影不离，并在途中放慢前行的速度，尽情享受这长久分离后的快乐间隙。六月五日抵达雷州。十一日清晨，苏轼登舟渡海，回望岸上弟弟顾长的身影，心中涌起一种异样的滋味，没想到这便是兄弟俩最后的一别！

● **兄弟永诀**

四年后，苏轼在常州去世，那时苏辙在颍昌（今河南省许昌市）。临终前苏轼对身边的朋友说："我和子由，自从贬往海南之后，不得再见一面，倘若从此永诀，此痛难堪！"他留下遗言，要苏辙将他安葬在嵩山之下，并为他作墓志铭。

得知噩耗，苏辙万分悲痛，泣血号呼。他回想当年怀远驿中那个风雨之夕，兄弟俩诵读韦应物的诗篇，一起立下盟约，后悔没有在仕途顺利时及早隐退，以至于遭遇七年贬谪，骨肉分离。如今，亲爱的哥哥已经被上天残忍地夺走，"夜雨对床"的旧梦永远不可能实现了！

怀着深深的伤痛，苏辙以他惯有的坚定与沉稳，处理哥哥的身后事宜。此时，苏轼的夫人王闰之已经去世八年多，灵柩一直寄殡在京城（开封）。苏辙先后将哥嫂的灵柩迁到颍昌，随后遵照遗愿，将苏轼夫妇安葬在郏城县（今河南省郏县）小峨眉山。在自身经济十分窘迫的情况下，苏辙又卖掉部分田产，帮助苏轼的儿子们在颍昌安家。

从此，苏辙退居颍昌。然而，"归去来兮，世无斯人谁与游"（苏辙《和子瞻归去来辞》）？他无时不在思念着哥哥。曾经，他们彼此切磋，相互赏识；如今，哥哥已经去世了，再也不能跟他诗文唱和，再也不能品评他的新作。翻读苏轼的遗文，成为苏辙孤寂晚年生活的最大慰藉。直到生命的最后，他对兄长的敬重和仰慕一如既往：

少年喜为文，兄弟俱有名。世人不妄言，知我不如兄。篇章散人间，堕地皆琼英。凛然自一家，岂与余人争？

（苏辙《题东坡遗墨卷后》）

相关作品精读

● **辛丑十一月十九日，既与子由别于郑州西门之外，马上赋诗一篇寄之**

苏　轼

不饮胡为醉兀兀[1]！此心已逐归鞍发[2]。归人犹自念庭闱[3]，今我何以慰寂寞？登高回首坡陇隔，但见乌帽出复没[4]。苦寒念尔衣裘薄，独骑瘦马踏残月。路人行歌居人乐，僮仆怪我苦凄恻[5]。亦知人生要有别，但恐岁月去飘忽。寒灯相对记畴昔，夜雨何时听萧瑟？君知此意不可忘，慎勿苦爱高官职！尝有夜雨对床之言，故云尔。

【题解】

辛丑：嘉祐六年（1061）。当时苏轼出任签书凤翔府（今陕西省宝鸡市凤翔区）判官（相当于今天的市委办公厅主任），苏辙被任命为商州（今陕西省商洛市商州区）推官（相当于今天的市长助理），因父亲苏洵在京编修《礼书》，苏轼又赴外任，苏辙获准暂辞官职，留京照顾父亲。他送苏轼到郑州，然后再返回汴京。

〔1〕胡为：为什么。兀兀（wù）：昏沉的样子。〔2〕归鞍：指苏辙所骑的马。〔3〕归人：指苏辙。庭闱（tíng wéi）：父母的住处，这里代指父亲。〔4〕"登高回首坡陇隔"二句：我登上高坡，想看到弟弟远去的身影，却被高高低低的山坡遮挡了视线，只看到弟弟头上的帽子在山丘间时隐时现。陇（lǒng）：山。〔5〕"路人行歌居人乐"二句：路上的行人、路旁的居民都开开心心的，就连我身边的仆人也不能理解我悲伤的心情。

● 逍遥堂会宿二首（并引）·其一

苏 辙

辙幼从子瞻读书，未尝一日相舍。既壮，将游宦四方。读韦苏州诗，至"安知风雨夜，复此对床眠"，恻然感之，乃相约早退，为闲居之乐。故子瞻始为凤翔幕府，留诗为别，曰："夜雨何时听萧瑟。"其后子瞻通守余杭[1]，复移守胶西[2]，而辙滞留于淮阳、济南[3]，不见者七年。熙宁十年二月，始复会于澶、濮之间[4]，相从来徐[5]，留百余日。时宿于逍遥堂。追感前约，为二小诗记之。

逍遥堂后千寻木，长送中宵风雨声。误喜对床寻旧约，不知漂泊在彭城[6]。

【注释】

〔1〕通守余杭：担任杭州通判（相当于今天的杭州市副市长）。〔2〕移守胶西：调任密州知州（相当于今天的密州市市长）。密州古称"胶西"。〔3〕辙滞留于淮阳、济南：熙宁三年至熙宁八年（1070—1075），苏辙先后担任陈州（今河南省淮阳县）学官（州学教授）、齐州（今山东省济南市）掌书记（相当于今天的市委秘书长）。〔4〕澶、濮之间：即澶州（今河南省濮阳市）、濮州（今山东省菏泽市）一带。〔5〕徐：徐州（今江苏省徐州市）。苏轼于熙宁十年（1077）调任徐州知州。〔6〕彭城：徐州古称。

● 题《别子由》诗后

苏　轼

先君昔爱洛城居，我今亦过嵩山麓〔1〕。水南卜筑吾岂敢，试向伊川买修竹〔2〕。又闻缑山〔3〕好泉眼，傍市穿林泻水玉。想见茅檐照水开，两翁相对清如鹄〔4〕。

元丰七年，余自黄迁汝，往别子由于筠〔5〕，作数诗留别，此其一也。其后虽不过洛，而此意未忘，因康君郎中归洛，书以赠之。元祐元年三月十六日，轼书。

● 书出局诗

苏 轼

急景归来早，浓阴晚不开。倾杯不能饮，待得卯君来。

今日局[1]中早出，阴晦欲雪，而子由在户部晚出，作此数句。忽记十年前在彭城时，王定国相过[2]，留十余日，还南都[3]。时子由为宋幕[4]，定国临去，求家书，仆[5]醉不能作，独以一绝与之。云："王郎西去路漫漫，野店无人霜月寒。泪湿粉笺书不得，凭君送与卯君看。"卯君，子由小名也。今日情味差胜[6]彭城，然不若同归林下，夜雨对床，乃为乐耳。元祐三年十月二十三日。

55

【注释】

〔1〕局：官署。〔2〕王定国：名巩，苏轼兄弟的朋友。相过：来访。〔3〕南都：应天府，又名宋州（今河南省商丘市）。〔4〕幕：即幕府，古代地方长官的官署。当时苏辙任应天府签书判官（相当于今天的市委秘书长）。〔5〕仆：谦辞，古代男性的自称。〔6〕差胜：略胜。差：稍微。

● 水调歌头

苏　轼

丙辰[1]中秋，欢饮达旦，大醉，作此篇，兼怀子由。

明月几时有？把酒问青天[2]。不知天上宫阙[3]，今夕是何年。我欲乘风归去，又恐琼楼玉宇[4]，高处不胜寒[5]。起舞弄清影，何似在人间。

转朱阁，低绮户，照无眠。不应有恨，何事长向别时圆？人有悲欢离合，月有阴晴圆缺，此事古难全。但愿人长久，千里共婵娟[6]。

【注释】

〔1〕丙辰：熙宁九年（1076）。〔2〕"明月几时有"二句：化用李白《把酒问月》中的"青天有月来几时？我欲停杯一问之"。〔3〕天上宫阙：古代神话传说里月中的宫殿，神仙居住的

地方。〔4〕琼楼玉宇：美玉建成的宫殿，指月宫。〔5〕高处不胜寒：涉及两个典故。其一，古人认为，"积阴之寒气为水，水气之精者为月"（《淮南子》）。其二，传说唐玄宗曾去月宫游玩，看到一座宫殿上写着"广寒清虚之府"。后人称月宫为"广寒宫"，所以苏轼认为，住在月宫里"高处不胜寒"。〔6〕婵娟：美好。

第
3
讲

不思量，自难忘：苏轼与王弗

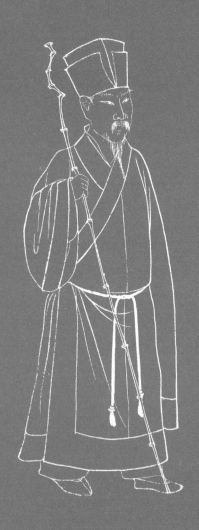

对于苏轼而言，王弗不仅是相亲相爱的妻子，更是一位聪明睿智、成熟稳重的知己好友。死者长已矣，生者常戚戚，苏轼对夫人的怀念和敬爱始终不曾衰减。

苏轼一生娶过两位妻子。第一位妻子叫王弗。

王弗出生在眉州青神县（今四川省青神县）一个书香之家，比苏轼小三岁，结婚时年方十六。苏轼对她最初的印象是谨慎而端庄，无论是出嫁前侍奉自己的父母，还是出嫁后侍奉公公婆婆，都十分细致周到。这也是大多数有着良好家教的古代女子的共同特点。

● 知书达理的聪慧女子

古代社会，男主外，女主内。女孩子基本上没有读书的机会，从小就只是学习做家务和女红。王弗的父亲比较开明，亲自教她识字，鼓励她读书明理。不过，刚结婚时苏轼对此一无所知，因为王弗从来没跟人提起过自己知书识字。只是每当苏轼读书，她总喜欢拿着针线活静静地坐在一旁，整天都不离开。直到有一天，苏轼背书，背着背着，突然卡壳了，王弗悄悄抿嘴一笑，轻轻地提示了一句。这轻轻的一句，犹如巨雷惊梦，令苏轼大吃一惊。他连忙站起身来，拉着妻子的手，指着满屋子的书逐一考问，王弗都能说出个所以然来。想不到她竟然如此聪慧颖悟，且又如此沉静内敛！苏轼高兴得手舞足蹈。从此夫妻俩的感情大大地跨进了一步。

● 恪守家风的好伴侣

嘉祐六年（1061），苏轼步入仕途，前往凤翔任职，第一次离开父亲和弟弟，王弗带着两岁的儿子苏迈一同前往。他们凤翔寓所的后院有一株古柳，天寒地冻的日子，皑皑白雪覆盖着整个院落。奇怪的是，古柳旁有块一尺见方的地面，竟然片雪不积。雪晴后，那块地面隆起了好几寸。苏轼猜想是古人藏丹药的地方。道教认为，人可以通过修炼得道成仙，长生不老。道教的修炼术有外丹与内丹之分，丹药便是外丹，又叫金丹，是以丹砂、铅、汞、云母等矿石为原料，在炉鼎中烧炼而成的。丹药非常难炼成，而且服用的剂量和方法也很有讲究，稍有差池，便会中毒身亡。古代记载中，因服用丹药而重病不治的例子非常多，而得道成仙却始终只是传说。尽管如此，千百年来，仍然有很多人冒着生命危险去尝试。

苏轼兴趣广泛，读过不少道教书，只是没有条件和机会炼丹。他根据书本上读到的一些知识，推测院子里那个隆起的地面下面，很有可能就是古人炼成的丹药。丹药性热，雪落在上面便会融化，又因为丹药有很强的生发力，所以使地面隆起。在强烈的好奇心的驱使下，他决定挖开地面，一探究竟，但是王弗阻止了他，她说："假如母亲还健在的话，一定不会同意你的做法。"

当年苏家租住在眉山纱縠行，家里有块地面突然塌陷，露出一个大瓮，上面盖着一块乌木板。程夫人连忙叫佣人用土将大瓮埋起来，谁也不许挖。人们都说，里面一定有前人

62

收藏的宝物。但程夫人不为所动，她坚持认为家里每一笔财富都必须清清白白，不应该抱着这种发意外之财的想法。现在王弗提起这件往事，令苏轼感到非常惭愧，立即听从劝告，放弃了挖掘的想法。

● 亦师亦友的贤内助

苏轼自然真率，略无外饰，如他自己所说，"上可以陪玉皇大帝，下可以陪卑田院乞儿，眼前见天下无一个不好人"。不论关系亲疏，都坦诚相待。这种性格，使他赢得了无数朋友的喜爱，但是在复杂的现实生活中，却也让他没少吃苦头。王弗的谨慎、内敛，正好跟苏轼形成最佳互补。虽然结婚已经六七年，但夫妻俩还是第一次离开长辈、离开大家庭单独面对生活。王弗深知丈夫热情直爽，心无城府，所以特别留意他在外面的日常行事，时常引用公公苏洵的话提醒丈夫，唯恐他有所失误，吃亏上当。她说："你离开父亲远了，凡事没有人指点，不可不慎重。"

每当有人来拜访苏轼，王弗便悄悄站在屏风后面听他们谈话。等客人走了之后，她会跟丈夫分析、讨论。有的人说话态度游移，从不明确表露自己的观点，王弗说："这个人说话模棱两可，总在暗暗揣摩你的意思，和他说话就是浪费时间。"

有的人想和苏轼交朋友，第　次见面就显得特别亲密，王弗分析道："这种人的交情恐怕不会长久，来得快，去得也快。"

她的这些观察和分析，事后往往都能得到证实。

● 生死两茫茫

治平二年（1065），苏轼凤翔任满，一家三口回到汴京。谁知三个月后，王弗就因病去世了，年仅二十七岁！

对于苏轼而言，王弗不仅是相亲相爱的妻子，更是一位聪明睿智、成熟稳重的知己好友。骤然之间，失去最亲密的爱人、最可信赖和依靠的良师益友，悲恸之情难以自抑！

死者长已矣，生者常戚戚，苏轼对夫人的怀念和敬爱始终不曾衰减。中国古代，官员职位达到一定级别之后，他的父母、祖父母、曾祖父母以及妻子，都可以得到朝廷授予的官衔或封号，称为"封赠"。王弗虽然已经去世，但苏轼后来每当官职升迁，得到封赠的机会，都不会忘记为亡妻请封。因此，王弗身后被朝廷先后授予"魏城君""崇德君"和"通义郡君"的封号。

此后漫长的岁月里，苏轼身不由己，漂泊四方，寒食、清明不能回乡扫墓祭奠，每每想到王弗的坟墓长满了荒草，他的心便痛不可忍。其实，何尝只是寒食、清明？即便是最平常的日子，王弗的音容笑貌以及他们共同生活的许多细节，也时常会猝不及防地在苏轼的脑海里、梦境中闪现……从来都不需要想起，永远都不会忘记！这首《江城子·乙卯正月二十日夜记梦》，即作于王弗去世十年以后：

十年生死两茫茫。不思量，自难忘。千里孤坟，无处话凄凉。纵使相逢应不识，尘满面，鬓如霜。

夜来幽梦忽还乡。小轩窗，正梳妆。相顾无言，惟有泪千行。料得年年肠断处，明月夜，短松冈。

死生异路，幽明两隔，十年长别，音讯渺茫。王弗的孤坟远在千里之外，凄风苦雨，冷落苍凉；苏轼行走在人生路上，历经坎坷，憔悴孤独。生死幽明的界限，时间空间的阻隔，使一对情深意重的伴侣永相暌离。上片直抒胸臆，诉尽心灵深处的无限沧桑；下片记梦，以日常生活小景的描绘，表现当年恩爱幸福的生活，更衬托出今日"无处话凄凉"的悲苦。故乡的老屋，绿荫掩映的小窗前，年轻的王弗正临窗对镜，梳理她如云的长发。久别重逢，万语千言，不知从何说起，唯有默默相偎，珠泪涟涟，在无言中倾诉十年离别的苦痛。然而，梦短情长，梦醒之后，是更深的悲凉。词人遥想故乡的坟冈，松枝摇曳，月影斑驳，在另一个不可知的世界里，亡妻也和自己一样，相思肠断，夜不成寐……

这首词笔势跳跃，场景多变，空间上横跨千里，时间上度越今昔，在阴阳两界之间腾挪转换。大开大合的结构方式，与词人大喜大悲的情感跌宕相一致，形式与内容完美结合，具有强烈的艺术感染力，千百年来一直是脍炙人口的绝唱。

相关作品精读

亡妻王氏墓志铭（节选）

苏 轼

　　君讳弗[1]，眉之青神人，乡贡进士方之女。生十有六年，而归[2]于轼。有子迈。君之未嫁，事父母，既嫁，事吾先君、先夫人，皆以谨肃闻。其始，未尝自言其知书也。见轼读书，则终日不去，亦不知其能通也。其后轼有所忘，君辄能记之。问其他书，则皆略知之。由是始知其敏而静也。从轼官于凤翔，轼有所为于外，君未尝不问知其详。曰："子去亲远，不可以不慎。"日以先君之所以戒轼者相语也。轼与客言于外，君立屏间听之，退必反覆[3]其言，曰："某人也，言辄持两端[4]，惟子意之所向，子何用与是人言。"有来求与轼亲厚甚者，君曰："恐不能久。其与人锐[5]，其去人必速。"已而[6]果然。

【注释】

　　[1] 君讳弗：我已经去世的妻子名叫弗。讳（huì）：对于已经去世的人，不直接称呼名字，以示尊敬。[2] 归：古代称女子出嫁。[3] 反覆：再三考虑，再三研究。[4] 持两端：态度含糊，游移于两者之间。[5] 与人锐：和人结交快。[6] 已而：后来。

江城子

苏　轼

乙卯[1]正月二十日夜记梦。

十年生死两茫茫。不思量，自难忘。千里孤坟，无处话凄凉。纵使相逢应不识，尘满面，鬓如霜。

夜来幽梦[2]忽还乡。小轩窗[3]，正梳妆。相顾无言，惟有泪千行。料得年年肠断处，明月夜，短松冈。

【注释】

〔1〕乙卯：熙宁八年（1075）。〔2〕幽梦：隐约的梦境。〔3〕轩窗：窗户。

第 4 讲　大胜刘伶妇：苏轼与王闰之

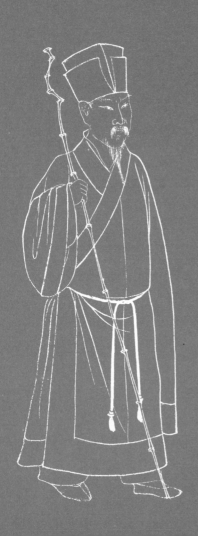

回想过去的岁月，夫人跟随自己在政治的风涛浪谷中起伏升沉，饱受磨难，始终保持着朴实诚挚的品格，穷而不怨，富而不骄，令人感佩。

王弗去世三年后，苏轼续娶了王弗的堂妹王闰之。王闰之，字季章，小名二十七娘。

● 敦厚沉稳的贤妻良母

和堂姐王弗相比，王闰之或许算不上博学多才的女子，但她性情敦厚，处事沉稳，是典型的贤妻良母。

他们结婚时，王弗留下的孩子苏迈已经十岁，这对于二十一岁的王闰之，显然是一个极大的考验。但她以天性的善良与温暖的母爱，关怀着、爱护着幼年丧母的苏迈。即使后来又生下苏迨、苏过两个儿子，她对苏迈的爱也没有一点点减少。

她和苏轼共同生活了二十五年。最初的十年，正是王安石变法如火如荼地进行之际。作为新法的反对者，苏轼自请外任，先后担任杭州通判和密州、徐州知州。除了需要适应不断变化的地域环境，总体而言，他们的生活波澜不惊。

在日常生活中，王闰之恪守着"男主外，女主内"的古训，很少过问苏轼在外的事务，只是有条不紊地操持家务，照顾丈夫，抚育孩子。她逐渐摸透了丈夫的脾气。他虽然比自己年长十一岁，并且是全国最有名望、最有学问的人，但是许多方面仍然像孩子一样天真，不加掩饰，总是被起伏不宁的情绪所支配。时而兴高采烈，开怀大笑；时而抑郁沮丧，唉声叹气；时而随和开朗，诙谐幽默；时而固执倔强，焦躁易怒。王闰之稳重而平和，以不变应万变，永远不会在丈夫情绪的洪峰浪谷中迷失自己，因此，他们的家庭生活始终平稳有序。

● **分忧解烦的好太太**

熙宁七年（1074）秋冬到第二年春夏，密州遭遇严重的蝗灾与旱灾，饥民遍野，大多数人都只能依靠草根树皮聊以度日。从到任之日起，苏轼便带领密州人民与大自然奋力搏斗。受当时生产技术水平的限制，在巨大的天灾面前，人力的抗击显得微不足道。沉重的现实压得苏轼喘不过气来，他需要寄托，需要排遣。然而，密州是一个远离政治、经济和文化中心的偏僻小城，既没有杭州怡情养性的好山好水，也没有凤翔丰富多彩的人文遗迹，没有歌舞，没有酒筵，甚至没有多少可以交往的朋友。苏轼的心情郁闷到了极点。

这天，他闷闷不乐地在书房里踱步，三岁的小儿子苏过咿咿呀呀地跑了进来，拉住爸爸的衣服，叫爸爸陪他玩游戏。平时苏轼最爱跟孩子们嬉闹，可是这段时间心里烦闷，几次三番不肯理睬。苏过太小，还不懂得察言观色，坚持不懈地缠着爸爸不放，惹得苏轼火冒三丈，忍不住大声吼了他几句。苏过不明白爸爸为什么突然这么凶，哇地一声哭了。王闰之闻声，进来抱过委屈的孩子，柔声劝慰脸色阴沉的丈夫："小孩子不懂事，你又何必跟他生气？"

她转身出去，将过儿递给小丫鬟，用托盘擎来一壶酒，几碟小菜，对苏轼说："我看你呀，比三两岁的孩子还傻呢。开心是一天，生气也是一天，为什么不开开心心的呢？来，喝杯酒，解解闷。"

妻子朴实的话语引起了苏轼的自我反思，他不禁为自己这些天来情绪为外界所支配、为环境所左右而深感惭愧。

● 惊慌失措的弱女子

时间进入元丰二年（1079），他们平静的家庭生活遭遇前所未有的巨大风浪。这一年，苏轼由徐州调往湖州（今浙江省湖州市），四月二十日抵达任所。三个月后，"乌台诗案"爆发，苏轼被人指控写诗讥讽朝政，犯欺君重罪。在没有任何思想准备的情况下，七月二十八日，苏轼突然被朝廷派来的特使拘捕，顷刻之间，从受人尊敬的知州大人沦为阶下之囚，被几名看守像驱赶鸡犬一样押往京城。

王闰之得讯，急忙追赶出来，全家老少呼天抢地，紧随在后，旁观者无不唏嘘哽咽。

变起仓促之间，苏轼以为此去必死无疑。他给弟弟苏辙留下一封书信，交代了后事。面对张皇失措的妻儿，他心如刀绞，不知如何安慰他们。这时，他忽然想起一个故事。从前，宋真宗下令寻访隐士贤人，有人推荐杞人杨朴，说他长于作诗。真宗立即召见，令杨朴当场作诗，杨朴说不会。真宗问临行前是否有人作诗送行？杨朴说："只有臣的妻子写了一首绝句：且休落魄贪杯酒，更莫猖狂爱咏诗。今日捉将官里去，这回断送老头皮。"王闰之早就听过这个故事，有时还引用杨朴妻子的诗句跟苏轼开玩笑。所以苏轼回头对夫人说："你不能像杨处士的妻子一样，写首诗送我吗？"

王闰之不禁含泪失笑。就这样，作为钦定要犯，苏轼被押送进京，朝廷使者仅允许长子苏迈随行。亲朋故旧大多害怕受到牵连，纷纷避而不见。留下孤苦无依的王闰之，两个未谙世事的儿子苏迨、苏过，以及一群六神无主的丫鬟、仆佣。

危难之际，幸而还有苏轼的两位学生王适、王遹兄弟。他们一直将苏轼送到城郊，然后返回城里，帮助王闰之收拾家当，租借船只，护送他们母子前往南都（今河南省商丘市），投奔苏辙。客船行驶到宿州（今安徽省宿州市）时，御史台要求抄查苏家的指令已下达到各州郡。宿州官府大张声势，派遣官吏和士兵，将苏家人乘坐的船只团团包围，一群人闯入船舱翻箱倒柜，吆五喝六，全家老幼几乎被吓死。抄家的人走了以后，一向温柔敦厚的王闰之终于情绪失控，一边抹泪，一边骂道："这么喜欢著书立说，书写成了又有什么好处？把我们害得好苦啊！"

一气之下，把搜查剩下的苏轼手稿全烧了。

● **患难与共的好妻子**

苏轼在御史台幽暗的监牢里被囚禁了整整一百三十天。经过漫长的审讯，十二月二十八日，终审判决发布：苏轼被降职为检校水部员外郎、黄州团练副使，本州安置，不得签书公事，由御史台派差役押送黄州贬所。弟弟苏辙也贬官筠州。

元丰三年（1080）二月一日，苏轼和苏迈抵达贬所。五月二十五日，在苏辙的护送下，王闰之母子也来到了黄州。劫后余生，阖家团聚，悲喜交集。他们一家在黄州度过了四年极为艰苦的日子。

第一年，靠着过去的一点积蓄，精打细算，勉强度过。为了省钱，苏轼和王闰之仔细做了一番筹划，根据黄州柴米菜蔬的价格，规定每天的花费不超过一百五十钱。每月初一取出四千五百钱，分为三十份，挂在屋梁上，每天早起用叉子挑取一份，随后将叉子藏起来。当天没有用完的钱，则另存在一个大竹筒里，用于接待宾客。

元丰四年（1081）二月，通过朋友帮忙，官府批给苏轼一块废弃的营地。这片营地位于郡城东门外的小山坡上，有五十余亩，荆棘丛生，瓦砾遍地，极为贫瘠。苏轼带领全家老少早出晚归，开荒垦地。拓荒的劳作漫长而艰辛，幸亏有许多新朋旧友前来助力。等一切整治完毕，种稻已经来不及了，于是先种麦子。令人高兴的是，播种不到一月，就长出了绿油油的麦苗。不过当地农民告诉他，麦苗过于茂盛，反而不利收成，应该趁苗叶最盛的时候，将牛羊赶到地里来回践踏一番。苏轼听从农夫的指点，果然获得了丰收！

这一年苏轼一家自产大麦二十余石。当时家里的大米刚好吃完了，市面上米价极贵，于是每天捣麦做饭，"用浆水淘食之，自然甘酸浮滑"（苏轼《二红饭》），咀嚼起来，啧啧有声。吃饭时，孩子们互相打趣，说是嚼虱子，惹得全家哄堂大笑。后来，苏轼又别出心裁，将大麦与小豆掺杂做饭，风味十分独特，王闰之笑着说："这是新式的二红饭嘛！"

王闰之生长在乡镇小康之家，以往虽然没有参加过劳作，但是耳闻目睹，还是积累了不少田间生活的知识。有一次，他们的耕牛害了重病，几乎要死了。仆人请来牛医，诊治再三，不明其状。王闰之听说后，亲自到牛棚一看，便说："这头牛发豆斑疮了，应当给它喂一点青蒿粥。"

仆人立即煮了一大锅青蒿粥，耕牛吃过，果然很快好了！苏轼十分高兴，在写给朋友的信中曾自豪地谈及此事。

● **淡泊荣华的诰命夫人**

元丰八年（1085），政局发生重大变化，旧党执政，苏轼的人生峰回路转。不仅重新获得起用，而且平步青云，连升数级。仅仅一年多的时间，便升至三品高官，成为朝廷举足轻重的人物。

王闰之也获得朝廷的册封，每当重要节日，都身着凤冠霞帔，出入皇宫，与皇太后等宫中贵妇们宴饮游玩，是京城人人羡慕的诰命夫人。她再也不用为养家糊口精打细算，完全有条件经常光顾那些昂贵的店铺，买些奢华的衣饰。不过，她是一个虔诚的佛教徒，物质欲望十分淡漠。苏轼为人大方，乐于帮助别人，她也从来没有表示过不满。当年在偏远的黄州，衣食不给，她甘于贫贱，菽水欣然；如今在繁华的汴京，荣华满目，她恬于富贵，喜不见颜。几十年过去，她依然是那个质朴沉稳的王闰之。

在汴京生活了将近四年，由于朝政斗争过于激烈，苏轼又自请外任。随后几年，他们先后到了杭州、颍州和扬州。

元祐六年（1091），在颍州。十二月中下旬，大雪纷纷，连日不断，直到二十五日才稍见晴霁。苏轼拄杖出城，惊讶地发现，茫茫雪原上，成群结队的人扶老携幼、背负行囊，蹒跚而行。看样子不像走亲戚，似乎都是些逃荒的难民。苏轼心中疑惑，连忙上前询问。原来，这年秋天，与颍州相邻的寿州（今安徽省寿县）、庐州（今安徽省合肥市）、濠州（今安徽省凤阳县）等地都闹饥荒，老百姓只能用榆树皮、马齿苋加糠煮粥。因此，不少人举家外逃，希望能够寻一条生路。

得知这一情况，苏轼十分难过。这天晚上，他躺在床上，听着窗外凄厉的北风，眼前不断浮现出茫茫雪原上灾民蹒跚而行的图景。如此天寒地冻的日子，这些不幸的人怎么熬得过去啊！他翻来覆去，怎么也睡不着，心想：明天先拨出一百石米来，做些炊饼救济他们。

苏轼长吁短叹，辗转反侧，王闰之也几乎一夜未眠，她说："咱们前些日子路过陈州时，曾听傅钦之说，签判（苏轼的下属赵德麟）在陈州赈济有功，何不请他前来商量个办法？"

一句话提醒了苏轼，当时夜色深沉，不便相召。好容易盼到五更，天还未亮，苏轼草就一封短柬，命人前往通判府请赵德麟前来议事，两人很快商定了一个切实可行的救济方案。

● **春月胜秋月**

转眼到了元祐七年（1092）二月，气候转暖。十五月圆之夜，苏轼和王闰之在庭中散步。阶前梅花盛开，暗香浮动，清朗的月色下，花木扶疏。王闰之说："春月色胜过秋月色，秋月色令人凄惨，春月色令人和悦。如此良辰美景，何不邀赵德麟他们一道花下饮酒？"

苏轼听罢，又惊又喜："我不知道夫人原来还能作诗，刚才这番话真是诗家之语啊！"

于是花下置酒，邀请赵德麟、陈师道等饮酒赏花。席间，苏轼得意地向朋友们夸赞王闰之的"诗家语"，并用她的语意写下《减字木兰花·二月十五日夜与赵德麟小酌聚星堂》以助雅兴：

春庭月午，影落香醪（láo，酒）光欲舞。步转回廊，半落梅花婉娩（wǎn miǎn，形容香气清淡幽雅）香。

轻烟薄雾，总是少年行乐处。不是秋光，只与离人照断肠。

此时，苏轼对于仕宦生涯已充满了厌倦，开始筹划着尽快辞官，和夫人携手同归故里。然而，无情的死神打破了他的美梦！元祐八年（1093）八月一日，王闰之因病去世，享年四十六岁。苏轼悲痛万分，回想过去的岁月，夫人跟随自己在政治的风涛浪谷中起伏升沉，饱受磨难，始终保持着朴实诚挚的品格，穷而不怨，富而不骄，令人感佩。尤其可贵的是，她心地仁厚，对王弗留下的长子苏迈视同己出，因而阖家和睦，夫妻琴瑟和谐。

为什么不肯再等一等？为什么这么快就弃我先去？苏轼回顾苍茫，长歌当哭。他发誓要与夫人生同室，死同穴，唯有如此，才能稍寄哀思。

　　丧妻的悲伤尚未缓解，朝中政局再一次发生剧变。八个月后，苏轼遭到贬谪。此后，在惠州和儋州度过了漫长而艰难的七年。建中靖国元年（1101）七月，苏轼在常州去世。崇宁元年（1102）闰六月，弟弟苏辙遵照遗愿，将苏轼夫妇安葬在郏城县小峨眉山。

相关作品精读

● 小儿

苏　轼

小儿不识愁，起坐牵我衣。我欲嗔小儿，老妻劝儿痴。儿痴君更甚，不乐愁何为？还坐愧此言，洗盏当我前。大胜刘伶妇，区区为酒钱[1]。

【注释】

〔1〕"大胜刘伶妇"二句：引用《世说新语》中刘伶戒酒的故事，以对比和反衬的手法，赞美王闰之通情达理、善解人意。刘伶是魏晋时期名士，与嵇康、阮籍等人并称"竹林七贤"。他嗜酒如命，妻子为了让他戒酒，把家里的酒全部倒掉，酒具也全都损毁。苏轼开玩笑地说：刘伶妻苦劝丈夫戒酒，大概是因为吝惜金钱。我的太太比刘伶妻可强太多了！

● 二红饭

苏　轼

今年东坡收大麦二十余石[1]，卖之价甚贱，而粳米适尽，乃课[2]奴婢舂以为饭，嚼之啧啧有声。小儿女相调[3]，云是嚼虱子。日中饥，用浆水淘食之[4]，自然甘酸浮滑，有西北村落气味。今日复令庖人[5]，杂小豆作饭，尤有味。老妻大笑曰："此新样二红饭[6]也。"

【注释】

〔1〕石（dàn）：古代计量单位，宋代 1 石合 92.5 宋斤，1 宋斤合 640 克。〔2〕课：督促。〔3〕调（tiáo）：调笑，戏弄。〔4〕浆水：类似米酒而味酸，又名酸浆。淘：以汁液拌和食品。〔5〕庖（páo）人：厨师。〔6〕二红饭：用大麦和小豆一起煮成的饭，因两种食材都是红色的，所以称为"二红饭"。

与章子厚二首·其一

苏　轼

某启[1]。仆[2]居东坡，作陂[3]种稻，有田五十亩，身[4]耕妻蚕，聊以卒岁[5]。昨日一牛病几[6]死，牛医不识其状，而老妻识之，曰："此牛发豆斑疮也，法当以青蒿粥啖之。"用其言而效。勿谓仆谪居之后，一向便作村舍翁，老妻犹解接黑牡丹也[7]。言此，发公千里一笑。

【题解】

这封信作于苏轼谪居黄州时期。章惇，字子厚，苏轼青年时代的朋友，当时在朝廷担任门下侍郎（副宰相）。新旧党争中，章惇属于新党，苏轼属于旧党，政治立场不同。元丰二年（1079），苏轼遭遇"乌台诗案"，章惇曾为苏轼辩护。

【注释】

〔1〕某：自指，代替"我"或本名，谦虚的用法。启：陈述，用于书信的开头。〔2〕仆：自指，谦虚的用法。〔3〕陂（bēi）：陂田，坡田。〔4〕身：自己。〔5〕聊以卒岁：勉强度过一年。形容生活艰难。〔6〕几（jī）：几乎，差不多。〔7〕黑牡丹：唐代末年，有个叫刘训的人，是长安城里的富豪。长安人春游，流行观赏牡丹花。有一次，刘训邀请了很多客人到他家赏花，结果呈现在大家面前的，竟然是数百条水牛。刘训指着这些水牛说："这就是咱们刘家的黑牡丹。"苏轼运用这个典故，说："我太太还善于种植黑牡丹呢！"诙谐幽默。

● 祭亡妻同安郡君文（节选）

苏　轼

呜呼！昔通义君[1]，没不待年。嗣为兄弟[2]，莫如君贤。妇职既修，母仪甚敦[3]。三子如一，爱出于天。从我南行，菽水[4]欣然。汤沐两郡[5]，喜不见颜。我曰归哉，行返丘园。曾不少须[6]，弃我而先。孰迎我门？孰馈我田[7]？已矣奈何！泪尽目干。旅殡国门，我实少恩[8]。惟有同穴[9]，尚蹈此言。呜呼哀哉！

【题解】

同安郡君：朝廷赐予王闰之的封号。

【注释】

〔1〕通义君：即通义郡君，朝廷追赠王弗的封号。〔2〕嗣为兄弟：王闰之继堂姐王弗之后，与苏轼结为夫妇。兄弟：上古时期，夫妇相互称兄弟，"兄弟"这里指夫妇。〔3〕妇职：指纺织、刺绣、缝纫等女红。母仪：为母之道。〔4〕菽（shū）水：豆与水。指食物只有豆和水，形容生活清苦。〔5〕汤沐两郡：元祐年间，苏轼被封为武功县开国伯，王闰之被封为同安郡君。汤沐：即汤沐邑，指古代王公、诸侯等可以收取赋税的私邑。〔6〕须：等待。〔7〕孰馈我田：谁到田间给我送饭。〔8〕"旅殡国门"二句：王闰之去世后，没有立即下葬，灵柩暂时殡寄在汴京城西惠济院。我对不起去世的妻子。殡：停放灵柩。〔9〕同穴：夫妇合葬。

第 5 讲　誉儿自是苏翁癖：苏轼与儿子们

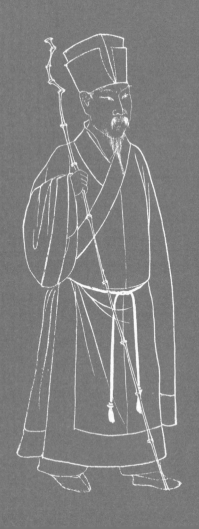

触发其他诗人『誉儿癖』的，往往是儿童的天真烂漫。孩子们长大之后，就几乎不再炫耀。苏轼则是从幼至长，夸赞不断，而且越赞越上瘾。

"誉儿癖"的典故最早见于宋初李昉等编纂的《太平广记》。据说"初唐四杰"之一的王勃，他的父亲名叫王福畤，曾写信给好友韩思彦，夸耀自己四个儿子文才出众。韩思彦回信说："西晋名士王武子有马癖，您有誉儿癖，你们王家人的癖好未免太多了吧！您说您的儿子优秀，我得看了文章之后才能判断。"于是，王福畤迫不及待地晒出了儿子们的文章，韩思彦读完不禁感叹："生出这么优秀的儿子，确实值得夸耀呀！"

　　如果翻检一下相关资料，在我们熟悉的古代诗人中，誉儿成癖的还真不少呢。不过，假如要给这些誉儿成癖的古代诗人列一个排行榜，高居榜首的必然是苏轼。

　　苏轼热情开朗，曾说："吾上可以陪玉皇大帝，下可以陪卑田院乞儿。眼前见天下无一个不好人。"对外人尚且如此，自家儿子当然是越看越爱。

　　触发其他诗人"誉儿癖"的，往往是儿童的天真烂漫。孩子们长大之后，就几乎不再炫耀。苏轼则是从幼至长，夸赞不断，而且越赞越上瘾。

　　其他诗人的"誉儿"可能会有"厚此薄彼"的嫌疑，如杜甫有宗文、宗武（骥子）两个儿子，他在诗中经常夸奖的只有宗武。而苏轼则对每个儿子都赏爱不已。

《东坡小像》 ◉ 〔元〕赵孟頫

● 聪明可爱的苏遁

苏轼先后有过四个儿子。最小的苏遁，小名干儿，元丰六年（1083）九月出生在黄州。干儿满月时，苏轼曾作《洗儿戏作》：

> 人皆养子望聪明，我被聪明误一生。惟愿孩儿愚且鲁，无灾无难到公卿。

不过，正如诗题所示，这只是一种戏谑笔法，借题发挥，表达苏轼对自己坎坷人生的愤激之情。事实上，干儿十分聪明，一颦一笑都神似父亲，令苏轼感到格外自豪。

不幸的是，元丰七年（1084）七月，干儿就夭折了。苏轼万分悲痛，接连写了两首诗歌，抒发内心的哀伤，追述干儿的聪明可爱（下引其一）：

> 吾年四十九，羁旅失幼子。幼子真吾儿，眉角生已似。未期观所好，蹁跹逐书史。摇头却梨栗，似识非分耻。
>
> （苏轼《去岁九月二十七日，在黄州，生子遁，小名干儿，顽然颖异，至今年七月二十八日，病亡于金陵，作二诗哭之·其一》）

那时，婴儿满周岁，父母都会举行一个"抓周"仪式，摆上各种物品让孩子抓取，借以观察孩子将来的志向、爱好。

干儿没能活到那一天，但苏轼早就发现这孩子喜欢读书，看见书本就咿咿呀呀地往上扑。虽然小孩子都是馋嘴娃，干儿却不轻易接受别人给他的食物，好像已经懂得贪吃自己分外的东西是可耻的。

● 成熟稳重的苏迈

干儿夭折时，苏轼已年近半百，幸好他的另外三个儿子都非常健康。长子苏迈是结发妻子王弗所生。在《过淮》诗中，苏轼曾夸奖苏迈：

独喜小儿子，少小事安佚。相从艰难中，肝肺如铁石。便应与晤语，何止寄衰疾。

诗歌作于元丰三年（1080）苏轼贬谪黄州的途中。元丰二年（1079）七月，"乌台诗案"爆发，苏轼革职进京，只有长子苏迈获准随行照顾父亲。被囚禁整整一百三十天后，苏轼终于从幽暗的监牢走了出来。正月初一，在御史台差役押送下，启程前往黄州贬所。此时，家人都寄居在南都苏辙的家里，只有苏迈徒步相随。这个刚刚二十二岁的青年，虽说从小过着养尊处优的安逸生活，这一年的艰难却使他忽然成熟起来。他过人的刚毅和稳重，令苏轼感到十分欣慰，觉得他不仅是自己生活的依靠，更是可以分担忧患、排遣孤寂的友伴。

苏迈也能写诗。谪居黄州时，一天夜里，清风入户，窗外一轮明月在浮云中穿行，时隐时现，父子二人即兴联句，你来我往，精彩迭出。苏轼十分高兴，最后总结道：

> 传家诗律细，已自过宗武。短诗膝上成，聊以感怀祖。
>
> （苏轼《夜坐与迈联句》）

武则天时代，苏轼的远祖苏味道与杜甫的祖父杜审言，同为著名的宫廷诗人。杜甫既然表示"诗是吾家事"，苏轼也不甘示弱，自豪地声称"传家诗律细"，而且还进一步指出：苏迈作诗超过了杜甫的儿子宗武！

后来，苏迈步入仕途，做了个州县小吏，苏轼也忍不住对朋友夸赞道："我的大儿子苏迈做官，很有他爸爸的风范。"

● 善于作诗的苏迨

苏轼的二儿子苏迨是继室夫人王闰之所生，比苏迈小十二岁，苏轼常戏称他为"长头儿"。元丰八年（1085），苏轼携家赴登州任，初到淮口，遇上大风，整整三天无法开船。舟中无事，苏轼和儿子们谈诗论文，消磨时光。年方十六岁的苏迨写了一首《淮口遇风》，苏轼读后十分赞赏，立即步韵和诗一首：

> 我诗如病骥，悲鸣向衰草。有儿真骥子，一喷群马倒。养气勿吟哦，声名忌太早。风涛借笔力，势逐孤云扫。何如陶家儿，绕舍觅梨枣。君看押强韵，已胜郊与岛。
>
> （苏轼《迨作〈淮口遇风〉诗，戏用其韵》）

诗歌开篇四句，自称"病骥"，称儿子为"骥子"，称赞苏迨传承家学，青出于蓝而胜于蓝。同时，语带双关，以杜甫的儿子宗武（小名骥子）相类比。诗歌最后四句，则以陶渊明的儿子作反衬，赞扬苏迨才气不凡。甚至大言不惭地声称，苏迨的诗歌在押韵方面已经胜过中唐著名诗人孟郊、贾岛。不仅如此，他还把父子俩的唱和之作寄给远方的朋友。

苏轼晚年谪居惠州，苏迨遵从父命，留在宜兴，时时远寄诗文，苏轼依然不忘时时向朋友们炫耀。其中一封信写道："几个儿子的学问都很有长进。迨儿从宜兴寄来的诗文，非常值得一读。"另一封信中也说："儿子们写的诗赋非常出色，感觉快要超过爸爸我啦！"

● 多才多艺的苏过

苏轼的第三子苏过比苏迨小两岁，在三兄弟中文名最盛，有"小坡"之称。苏轼晚年贬居岭海（今两广地区）长达七年，苏过始终跟随在父亲身边。因此，《苏轼诗集》中与苏过的唱和最多，自然赞誉也最多。如《游罗浮山一首示儿子过》：

小儿少年有奇志，中宵起坐存黄庭。近者戏作《凌云赋》，笔势仿佛《离骚经》。

受父亲影响，苏过年纪轻轻便开始修习道家养生功法，心有所得，于是作《凌云赋》一篇，描写腾云驾雾、飘然升天的神仙境界，苏轼大加赞赏。屈原《离骚》后半部分，借助多种神话材料，在幻想世界展开上下求索，命令日神羲和驾车，月神望舒先驱，风神飞廉随从，鸟王凤凰承旗，神兽蛟龙作桥，想象奇丽，感情奔放。苏轼认为，苏过的《凌云赋》在风格、气势上颇得《离骚》真传。

苏轼晚年以陶渊明为异代知己和诗友，将全部陶诗逐一步韵唱和，《和陶游斜川·五月五日，与儿子过出游作》便是苏轼"和陶诗"中的一首。诗歌叙述正月五日与儿子出游时的所见所思。江面清澈美丽，父子二人闲卧在船上，顺流而下，无比悠闲自在。更可喜的是，父子同游、诗酒唱和，虽身在贬所，却其乐无穷。因此，他又情不自禁开启了炫耀模式：

过子诗似翁，我唱而辄酬。未知陶彭泽，颇有此乐不？

得意洋洋地自我炫耀之余，还不忘问一句隔代诗友陶渊明："不知道你有没有享受过我的这种快乐？"

不仅如此，在苏轼笔下，儿子苏过还是一位富有创意的厨师，能在物质条件极为艰困的情况下，满足吃货父亲的美食期待。有一次，苏过突发奇想，用山芋作玉糁羹（yù shēn gēng，用萝卜做成的食品），色香味俱佳，苏轼赞不绝口：

香似龙涎（xián）仍酽（yàn）白，味如牛乳更全清。莫将南海金齑脍，轻比东坡玉糁羹。

（苏轼《过子忽出新意，以山芋作玉糁羹，色香味皆奇绝，天上酥陀则不可知，人间决无此味也》）

这道美食，颜色纯白，香气馥郁，滋味清美。闻起来像名贵的龙涎香，吃起来像牛奶制品一样细腻柔滑。他觉得，就连用鲈鱼做成的南海名菜金齑玉脍，也比不上这道专属于他的独特的玉糁羹。

此外，苏过善于料理家中各种杂务，让父亲可以潇洒度日，百事不管。而且，苏过还抓紧一切时间刻苦学习，学业上也颇有长进。因此，苏轼对儿子的满意程度可谓无以复加。在写给朋友的信中，他得意地说："过儿非常能干，所以我除了睡觉吃饭，什么都不用管。过儿读书也十分用功，学问很有长进。"

● 苏轼的教子之道

常言道："养不教，父之过。""誉儿"的前提是"教育"。

苏轼的教子之道真是不得不令人叹服！从"乌台诗案"发生到贬往黄州，苏轼遭遇如此重大的人生变故，其二十一岁的长子苏迈毅然承担起生活的重任，既照顾父亲的饮食起居，又分担父亲内心的忧患。到苏轼晚年贬居岭海之初，其幼子苏过也不过二十二岁，整整七年追随在父亲身旁，作为贴身管家、厨师加玩伴、诗友。苏轼"誉儿成癖"，却没有将孩子"捧杀"，实在值得今天的父母们深思并效仿。

或许是兄弟同心，又或许是受兄长影响，苏辙也有誉儿之癖，这从苏轼诗中可以略见一斑。苏轼在海南时，收到长子苏迈寄来的书信和美酒，幼子苏过感而赋诗。诗成之后，寄给谪居在雷州的叔叔和堂兄弟们欣赏，苏辙的儿子苏远立即唱和一首，回赠苏过。苏轼认为，苏过、苏远的诗作"皆粲然可观"，苏辙更专门写来一封信庆祝。为此，苏轼作诗一首以纪其盛，不仅一如既往地大力夸奖儿子和侄儿，而且坦然承认自己和弟弟都有"誉儿癖"。同时，在这首诗中，他透露了自己的教子之道：

誉儿虽是两翁癖，积德已自三世种。

（苏轼《过于海舶，得迈寄书、酒，作诗，远和之，皆粲然可观，子由有书相庆也，因用其韵赋一篇，并寄诸子侄》）

"誉儿"固然无可厚非，但为人父母者修身积德，为孩子们作出表率才是根本。秉承家学渊源、受到良好家庭教育成长起来的孩子才值得夸耀。

相关作品精读

● **洗儿戏作**

苏　轼

　　人皆养子望聪明，我被聪明误一生。惟愿孩儿愚且鲁 [1]，无灾无难到公卿。

【题解】

　　洗儿：古代习俗，小孩出生后三天或满月时举行的洗浴仪式。戏作：游戏之作，以自嘲或调侃的语气写作的诗歌。

【注释】

　　[1] 愚：蠢笨，无知。鲁：迟钝，反应慢。

● **追作《淮口遇风》诗，戏用其韵**

苏　轼

　　我诗如病骥 [1]，悲鸣向衰草。有儿真骥子 [2]，一喷 [3] 群马倒。养气勿吟哦，声名忌太早 [4]。风涛借笔力，势逐孤云扫[5]。何如陶家儿，绕舍觅梨枣[6]。君看押强韵，已胜郊与岛[7]。

● **和陶饮酒二十首·其十五**

苏 轼

去乡三十年[1]，风雨荒旧宅。惟存一束书，寄食无定迹^{〔2〕}。每用愧渊明，尚取禾三百^{〔3〕}。硕然六男子，粗可传清白^{〔4〕}。于吾岂不多，何事复叹惜？

【题解】

　　和（hè）陶：苏轼一生敬佩东晋诗人陶渊明的品格，高度推崇陶渊明的诗歌成就。晚年创作了一百多首题名为"和陶"的诗歌，这些诗歌都是依照陶渊明原诗的韵脚写作，总称为"和陶诗"。和：唱和。《和陶饮酒》即唱和陶渊明的《饮酒》。

【注释】

　　〔1〕去乡三十年：这首诗作于元祐七年（1092），从嘉祐元年（1056）离乡进京参加科举考试，至今已三十七年。这里是约举概数。〔2〕一束：一捆。寄食无定迹：身处异乡，漂泊无定。〔3〕"每用愧渊明"二句：作为官员，拿着朝廷的俸禄，和不为五斗米折腰的陶渊明相对，感觉很惭愧。用：因此。取禾三百：化用《诗经·伐檀》的"不稼不穑，胡取禾三百廛兮"。〔4〕硕然：修长挺拔，风姿挺秀。六男子：指苏轼之子苏迈、苏迨、苏过，苏辙之子苏迟、苏适、苏远。粗可传清白：大致可以传承我们纯净清廉的家风。

和陶饮酒二十首·其十六

苏　轼

　　晓晓六男子，弦诵各一经^{〔1〕}。复生五丈夫，戢戢丁欲成[2]。归田了门户，与国充践更[3]。普儿初学语，玉骨开天庭[4]。淮老如鹤雏，破壳已长鸣[5]。举酒属千里，一欢愧凡情。

【注释】

〔1〕"哓哓六男子"二句：子侄六人都学有专长，议论风发。哓哓（xiāo xiāo）：争辩声。弦诵：弦歌、诵读，指学习和授业。一经：一种经典。古人读书讲究一门深入，先读通一种经典，再触类旁通别的经典。〔2〕"复生五丈夫"二句：子侄六人又生了五个儿子，个个长得端正漂亮，很快就要成年了。戢戢（jí jí）：整齐，端正。丁：健康的成年男子。〔3〕"归田了门户"二句：子孙都很成器，既可以担当家庭责任，也可以为国家效力。了：了当，即担当得了。践更：代人服兵役，秦、汉时规定成年男子要轮流服兵役，自己不能去，则出钱请人代。〔4〕普儿：苏轼的孙子。玉骨开天庭：形容普儿长得额骨丰盈、秀丽。〔5〕"淮老如鹤雏"二句：形容淮老十分早慧。淮老：苏轼的孙子。

● 和陶贫士七首·其七

苏 轼

我家六儿子，流落三四州[1]。辛苦见不识，今与农圃侔[2]。买田带修竹，筑室依清流。未能遣一力，分汝薪水忧[3]。坐念北归日，此劳未易酬[4]。我独遗以安，鹿门有前修[5]。

【题解】

唱和陶渊明《贫士》诗。

【注释】

〔1〕"我家六儿子"二句：绍圣二年（1095）苏轼作该诗于惠州，当时苏轼的儿子苏迈、苏迨在宜兴（今江苏省宜兴市），苏过在惠州，苏辙的儿子苏迟、苏适在许州（今河南省许昌市），苏远在筠州。〔2〕"辛苦见不识"二句：子侄六人都是官宦子弟出身，如今却与农夫为伴。俦（chóu）：伴侣，同类。〔3〕"未能遣一力"二句：孩子们生活得非常艰辛，作为长辈却没有能力给他们一点帮助。一力：一个仆役。薪水：打柴汲水等家务劳动。〔4〕"坐念北归日"二句：不仅现在贬谪在惠州帮不了孩子们，即便将来有一天能获得朝廷赦免北归中原，孩子们这些年所受的苦也没法补偿。〔5〕"我独遗以安"二句：用了《后汉书·庞公传》的典故。隐士庞公与妻子耕耘为生，一再拒绝荆州刺史刘表的延请。刘表说："先生苦居畎亩，而不肯官禄，后世何以遗子孙乎？"庞公说："世人皆遗之以危，今独遗之以安，虽所遗不同，未为无所遗也。"意思是说，世人留给子孙财富，背后未尝不隐藏着危害。而我留给子孙的是踏实做人、淡泊名利的品格与精神，平安度过人生，这才是最宝贵的财富。怎么能说没有什么东西留给子孙呢？鹿门有前修：指庞公，庞公隐居鹿门山。

中编

苏轼的师友

第 6 讲 我所谓文，必与道俱：苏轼与欧阳修

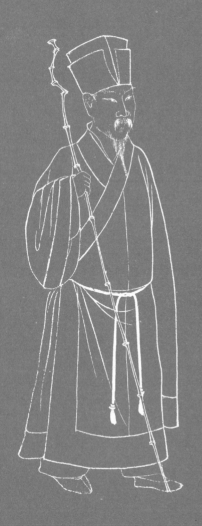

苏轼对恩师念念不忘，并以他全部的人生，实践了自己在老师面前许下的诺言。政治上，他充满了『以天下为己任』的责任感和使命感。文学上，苏轼在诗、词、文等创作领域都取得了辉煌的成就。同时，和欧阳修一样，他不遗余力地提携后进。

欧阳修，字永叔，祖籍吉州庐陵（今江西省吉安市），天圣八年（1030）进士，自号醉翁，又号六一居士。他去世之后，朝廷根据他生前的功业，赐予"文忠"的谥号，所以人们又称他为"欧阳文忠公"。

● 心中的偶像

第一次听说欧阳修的名字时，苏轼还是一个八岁的小娃娃，在眉山天庆观道士张易简开办的小学读书。当时正是宋仁宗庆历三年（1043），千里之外的朝廷发生了一件大事：仁宗皇帝锐意革新，撤换了暮气沉沉的保守派大臣，重用范仲淹、韩琦、富弼、欧阳修等政坛新秀，实行政治改革，史称"庆历新政"。朝野上下都对这次改革寄予了很高的期望，著名思想家石介更是怀着激动的心情，写下《庆历圣德颂》一诗，热情讴歌改革。诗歌很快传遍全国，传到了偏远的蜀地。

一天，张道士和他的朋友正兴致勃勃地读着这首长篇时政诗，没想到八岁的苏轼也踮着脚在一旁好奇地偷看，而且不一会儿便将这首诗倒背如流。但他不明白诗里歌颂的十一个人究竟是什么人物，于是急切地向老师请教。张道士既惊讶又好笑，说："小毛孩子何必知道这些事？说了你也不懂。"

苏轼一听便不服气，挺着小胸脯大声说："难道他们都是天上的神仙？那我就不用了解。如果也是跟我一样的人，为什么我就不能知道呢？"

苏轼出语不凡，张道士十分欢喜，便耐心地将整首诗歌，以及诗中人物的人品、功业，细细地为苏轼讲解了一遍，并且强调说："其中韩琦、范仲淹、富弼、欧阳修，是我们这个时代的人杰。"

此时苏轼虽然似懂非懂，但已将这四个名字牢牢记在了心里。以后每当读到这些人的文章诗篇时，总要特别细致地加以揣摩。十二三岁时，还在父亲的指导下，研读了欧阳修《谢宣召入翰林状》《谢对衣金带鞍辔马状》等文章，并模拟写作。

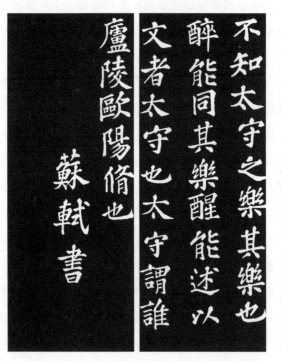

◎《醉翁亭记》〔碑书局部〕
◎文〔北宋〕欧阳修 ◎书法〔北宋〕苏轼

考场上的误会

嘉祐元年（1056）秋季，二十一岁的苏轼顺利通过了开封府府试，得以于第二年春季参加礼部省试。时任翰林学士的欧阳修正是这次省试的主考官。为了有力地推进文学革新，欧阳修决定利用选拔人才的机会，打击长久以来盛行于科场的不良文风，引导宋代文学走上健康发展的道路。他明确规定，应试文章必须言之有物、平易自然，而那些空洞浮华、以怪僻奇险炫人眼目的文章，一律不予录取。苏轼兄弟在父亲的教导下，从小作文就注重内容的充实和感情的真挚，文风质朴，文笔自然流畅，这次应考，可说是适当其时。

考试共分四场：诗赋、论、策、《春秋》对义。在第二场考试中，苏轼的表现极为优异。考题是《刑赏忠厚之至论》，意思是刑罚与奖赏都应以忠厚为本，说的是中国古代贤君以仁治国的优良传统。苏轼从小受母亲影响，宅心仁厚，对于这一政治主张极为赞同。然而，在实际的政治生活中，赏罚之道的轻重与分寸却并不容易掌握好。怎样才能不失于忠厚？苏轼独具匠心，拈出一个"疑"字，多层次、多角度地展开论述。

首先，文章分析了"赏疑"与"罚疑"两种情况。苏轼认为：对于该不该赏感到疑惑时，就应该赏，这样便可以让更多人感受到君主的仁慈与恩惠；对于该不该罚感到疑惑时，就不应该罚，这样才能避免滥用刑罚。其次，文章阐述了

"过赏"与"过罚"两种情况。苏轼认为：可赏可不赏时，应选择赏；可罚可不罚时，就不要罚。因为赏重了仍不失为君子，而罚重了则流于残忍刻薄。前者是忠厚之至的体现，而后者则违背了忠厚的圣贤传统。最后，文章还探讨了赏和罚的方式。苏轼认为：古代贤君赏赐有功者不一定要用金钱官位，处罚有罪者不一定要用严刑峻法，因为这二者都不是万能的。而且，以天下之大，善行赏不胜赏，恶行也罚不胜罚，唯有宽仁厚道可以感化人心，使天下之人纷纷归于正道，实现文治昌明的理想世界。

最先读到苏轼这篇文章的考官，是著名诗人梅尧臣。梅尧臣在文学理念上与欧阳修极为一致，是文学革新运动的重要成员。他读完全文，大为激赏，立即推荐给欧阳修，主张将这篇文章评为第一。欧阳修读罢，也是又惊又喜，认为整篇文章观点明确，结构完整，逻辑谨严，而又旁征博引，波澜横生，语言表达更是明白晓畅。在时间有限、气氛紧张的考场上，写出如此完美的文章，实属罕见，充分体现了写作者思维的敏捷与驾驭文字的高超才能。只是文章中有一段写道："当尧之时，皋陶为士，将杀人，皋陶曰'杀之三'，尧曰'宥之三'，故天下畏皋陶执法之坚，而乐尧用刑之宽。"欧阳修与梅尧臣冥思苦想，也没有想到这件事情的出处。当然，一点小小的疑虑，并不影响这篇文章的优秀。

但是，由于宋代科考制度极为严格，试卷收上来后，要先交编排官去掉籍贯、姓名等信息，另行编号；再交给封弥官誊录，校对无误后盖上御书院印章；最后才交给考官阅卷。这一过程称为"糊名"。因此，从试卷上，考官完全无法推测考生是谁。欧阳修心想，如此出色的文章，除了自己的学生曾巩之外，天下恐怕不会有第二人能写得出来。如果把曾巩录取为第一，岂不是有徇私舞弊的嫌疑吗？于是决定评为第二。

● "无中生有"为什么被赞？

金榜题名后，主考官与新进士之间，便有了师生的名分和情谊。苏轼依惯例呈上《谢欧阳内翰书》，对欧阳修的知遇之恩表达诚挚谢意。这封书信不足五百字，篇幅短小，但内容充实，精要概述了宋朝立国以来的文学发展进程。欧阳修读后赞不绝口，兴奋地跟梅尧臣说："读轼书，不觉汗出。快哉！快哉！老夫当避路，放他出一头地也。可喜！可喜！"（欧阳修《与梅圣俞》）

过了几天，在父亲苏洵的带领下，苏轼、苏辙两兄弟一同来到欧阳修府上拜访。谈话中，欧阳修问苏轼："你在《刑赏忠厚之至论》一文中说，尧帝时，皋陶任司法官。有人犯了罪，皋陶三次要杀他，尧帝三次赦免他。这个典故出自哪本书？"苏轼回答道："在《三国志注·孔融传》中。"

《三国志》由西晋史学家陈寿所著，是一部记载三国时期曹魏、蜀汉、东吴历史的纪传体史书，但全书记事简略。南朝宋史学家裴松之在此基础上，对史实进行了大量的增补和考订，成书《三国志注》。历来研读三国历史，陈《志》裴《注》缺·不可。欧阳修对这两部书都十分熟悉，可是并没有见过苏轼所说的典故，心中暗自疑惑。

苏氏父子离开后，他急忙将《三国志注·孔融传》细细地重读一遍，仍然没有找到这个典故，十分纳闷。下次见面又问苏轼。苏轼说："裴《注》中记载：曹操灭袁绍，将袁熙（袁绍子）美貌的妻子赏赐给自己的儿子曹丕。孔融对此不满，写信给曹操说：'武王伐纣，以商纣王宠妃妲己赐周公。'曹操忙问此事见于哪本书上？孔融回答道：'以今度古，想其当然耳！'所以，学生也是以尧帝为人的仁厚和皋陶执法的严格来推测，想其当然耳！"

欧阳修一听，击节称叹，这就叫举一反三、触类旁通啊！事后多次和人谈起，说："此人可谓善读书、善用书，将来他的文章必定独步天下！"

作为一代宗师，欧阳修的一句褒贬，足以决定青年学子一生的荣辱成败。苏轼有幸多次得到他的高度评价，因而一时之间名满天下。

嘉祐五年（1060），苏轼决定参加来年举行的制科考试，欧阳修亲自为他写推荐信。在《举苏轼应制科状》中，欧阳修称赞苏轼："学问通博，资识明敏，文采烂然，论议蜂出。其行业修饬，名声甚远。"

● **谨遵师命，不忘师恩**

熙宁四年（1071），苏轼任杭州通判。赴任途中，特意绕道颍州，探望不久前退休并定居在那里的恩师。那时，以王安石为代表的新党正在轰轰烈烈地进行政治改革，新旧两党斗争激烈。欧阳修与苏轼同属旧党阵营。

苏轼在朝政斗争中能坚持自己的政治观点，不首鼠两端，不随波逐流，刚直敢言，独立不回，对于这一点，欧阳修非常赞赏。欧阳修叮嘱学生：

> 我所谓文，必与道俱。见利而迁，则非我徒。
>
> （苏轼《祭欧阳文忠公夫人文》）

意思是说，一个优秀的文学家，应该具备高尚的品格节操。追名逐利之辈，不配做我的弟子！

这是他们最后一次相聚。几个月后，欧阳修就不幸病逝。当时苏轼在杭州任上，职守所限，不能前往颍州悼念恩师。他满怀悲痛，写下《祭欧阳文忠公文》遥寄哀思。文章高度肯定欧阳修的人格力量、政治品格、思想文化成就，以及他对当时以及后世重大而深远的影响。

在此后的岁月中，苏轼对恩师念念不忘，并以他全部的人生，实践了自己在老师面前许下的诺言。政治上，他充满了“以天下为己任”的责任感和使命感，胸襟坦荡，正气凛然，不向任何权势低头，只对自己的思想与行为负责。文学上，苏轼以他澎湃的才情、闳博的学识、丰富而深刻的人生体验，熟练地驾驭各种艺术手法，在诗、词、文等创作领域都取得了辉煌的成就。同时，和欧阳修一样，他不遗余力地提携后进。在苏轼的领导下，文学领域新人辈出，百花齐放，宋代文学发展进入又一个高峰。

二十年后，苏轼担任颍州知州，重访欧阳修旧居，缅怀先师。物是人非，在感伤之余，他坦然地告慰老师的在天之灵：自己无愧于恩师的厚望！

相关作品精读

● **刑赏忠厚之至论**

苏　轼

尧、舜、禹、汤、文、武、成、康[1]之际，何其爱民之深，忧民之切，而待天下之以君子长者之道也[2]。有一善，从而赏之，又从而咏歌嗟叹之，所以乐其始而勉其终。有一不善，从而罚之，又从而哀矜[3]惩创之，所以弃其旧而开其新。故其吁俞[4]之声，欢休[5]惨戚，见于虞、夏、商、周之书[6]。成、康既没，穆王立，而周道始衰，然犹命其臣吕侯，而告之以祥刑[7]。其言忧而不伤，威而不怒，慈爱而能断，恻然有哀怜无辜之心，故孔子犹有取焉[8]。

《传》[9]曰："赏疑从与，所以广恩也。罚疑从去，所以慎刑也。"当尧之时，皋陶为士[10]，将杀人，皋陶曰"杀之三"，尧曰"宥之三"，故天下畏皋陶执法之坚，而乐尧用刑之宽。四岳[11]曰："鲧可用。"尧曰："不可，鲧方命圮族[12]。"既而曰："试之。"何尧之不听皋陶之杀人，而从四岳之用鲧也？然则圣人之意，盖亦可见矣。

《书》曰："罪疑惟轻，功疑惟重。与其杀不辜，宁失不经[13]。"呜呼！尽之矣。可以赏，可以无赏，赏之过乎仁；可以罚，可以无罚，罚之过乎义。过乎仁，不失为君子；过乎义，则流而入于忍人[14]。故仁可过也，义不可过也。

古者赏不以爵禄，刑不以刀锯。赏以爵禄[15]，是赏之道行于爵禄之所加，而不行于爵禄之所不加也。刑之以刀锯，是刑之威施于刀锯之所及，而不施于刀锯之所不及也。先王知天下之善不胜赏，而爵禄不足以劝也；知天下之恶不胜刑，而刀锯不足以裁也。是故疑则举而归之于仁，以君子长者之道待天下，使天下相率而归于君子长者之道，故曰忠厚之至也。

《诗》曰："君子如祉，乱庶遄已。君子如怒，乱庶遄沮[16]。"夫君子之已[17]乱，岂有异术哉？时[18]其喜怒，而无失乎仁而已矣。《春秋》之义，立法贵严，而责人贵宽。因其褒贬之义以制赏罚，亦忠厚之至也。

【题解】

本篇在《苏轼文集》中题为《省试刑赏忠厚之至论》，嘉祐二年（1057）作。

【注释】

〔1〕尧、舜、禹、汤、文、武、成、康：唐尧、虞舜、夏禹、商汤王、周文王、周武王、周成王、周康王，他们都是传说中圣明的帝王，他们统治的时代，历史上称为"太平盛世"。
〔2〕而待天下之以君子长者之道也：有版本无"之"字。
〔3〕哀矜：哀怜，怜悯。〔4〕吁俞（xū yú）：叹词。吁：表示惊疑、感叹。俞：表示同意、许可。〔5〕欢休：欢乐。〔6〕虞、夏、商、周之书：指儒家五经之一《尚书》（简称《书》），全书分为《虞书》《夏书》《商书》《周书》。〔7〕祥刑：善用刑罚。

113

〔8〕孔子犹有取焉:《尚书》相传为孔子编纂,《吕刑》被收入其中,所以说孔子对《吕刑》有所取。〔9〕《传》:注释或解释经义的文字,这里指汉代儒者孔安国注《尚书》的文字。试题出自《尚书·大禹谟》:"罪疑惟轻,功疑惟重。"孔安国注:"刑疑附轻,赏疑从重,忠厚之至。"苏轼误记为"赏疑从与""罚疑从去。"〔10〕皋陶(yáo):尧帝时的大臣。士:主管刑狱的官员。〔11〕四岳:尧的大臣,羲和的四子,分掌四方诸侯。〔12〕鲧(gǔn):尧的臣子,传说是大禹的父亲。方命:违背正理。圮(pǐ)族:即毁害族类。〔13〕"与其杀不辜"二句:与其不小心杀害了无罪的人,毋宁承担失刑的责任。这句话出自《尚书》。经:常规,原则。〔14〕忍人:残忍的人。〔15〕赏以爵禄:有版本作"赏之以爵禄"。〔16〕《诗》:即《诗经·小雅·巧言》。祉(zhǐ):喜。遄(chuán):迅速。沮(jù):止。〔17〕已:停止,平息。〔18〕时:有版本作"制"。

和子由除夜元日省宿致斋三首·其三

苏 轼

当年踏月走东风,坐看春闱锁醉翁[1]。白发门生几人在?却将新句调儿童[2]。

【题解】

这首诗作于元祐三年(1088)正月,这一年苏轼五十三岁。苏辙（子由）时任户部侍郎，除夕和元日留宿在户部官署，准备参加祈祷新年五谷丰收的祭礼。省宿：晚上睡在官署。致斋：进行斋戒，即祭祀前沐浴更衣，不饮酒，不吃荤，以表示诚敬。

【注释】

〔1〕"当年踏月走东风"二句：回忆嘉祐二年（1057）正月，兄弟二人参加省试的情形。踏月：月下行走。春闱（wéi）：春季会试。闱：考场，试院。醉翁：欧阳修自号醉翁。〔2〕调：调教，训练。儿童：指子侄辈。

● 西江月·平山堂

苏 轼

三过平山堂下[1]，半生弹指声中[2]。十年不见老仙翁[3]，壁上龙蛇飞动[4]。

欲吊文章太守，仍歌杨柳春风[5]。休言万事转头空，未转头时皆梦[6]。

【题解】

这首词作于元丰二年（1079），苏轼被调往湖州任职，途经扬州。

〔1〕三过：苏轼熙宁四年（1071）赴杭州、熙宁七年（1074）赴密州都曾经过扬州，这次是第三次。平山堂：在扬州，庆历八年（1048）欧阳修任扬州知州时所建。〔2〕半生弹指声中：形容时间过得很快。〔3〕老仙翁：指欧阳修。苏轼最后一次见到欧阳修是熙宁四年（1071），到元丰二年（1079），已将近十年。此时欧阳修去世已经八年。〔4〕壁上龙蛇飞动：指欧阳修在平山堂壁上题写的字迹。〔5〕"欲吊文章太守"二句：悼念欧阳修，唱他的《朝中措》词。欧阳修《朝中措》："平山阑槛倚晴空，山色有无中。手种堂前垂柳，别来几度春风。文章太守，挥毫万字，一饮千钟。行乐直须年少，尊前看取衰翁。"文章太守：在欧阳修词中指他的朋友刘敞，而苏轼则借以指欧阳修。〔6〕"休言万事转头空"二句：苏轼化用白居易诗句"百年随手尽，万事转头空"（《自咏》），并转进一层。

● 木兰花令

苏　轼

次欧公西湖韵[1]。

霜余已失长淮阔，空听潺潺清颍咽[2]。佳人犹唱醉翁词，四十三年如电抹[3]。

草头秋露流珠滑，三五盈盈还二八[4]。与余同是识翁人，惟有西湖波底月[5]。

【注释】

〔1〕元祐六年（1091）作于颍州，苏轼任颍州知州。次欧公西湖韵：依照欧阳修所作《木兰花令·西湖南北烟波阔》的韵来写。次韵，又称步韵。欧阳修《木兰花令·西湖南北烟波阔》（又称《玉楼春·西湖南北烟波阔》）："西湖南北烟波阔，风里丝簧声韵咽。舞余裙带绿双垂，酒入香腮红一抹。　杯深不觉琉璃滑，贪看六幺花十八。明朝车马各东西，惆怅画桥风与月。"〔2〕"霜余已失长淮阔"二句：描述深秋季节，河水变少、河道变窄的情形。长淮：淮河。清颍：清澈的颍水（颍水属淮河支流）。〔3〕"佳人犹唱醉翁词"二句：歌女们还在唱着欧阳修的《木兰花令·西湖南北烟波阔》，四十三年已经像闪电一样过去了。欧阳修《木兰花令·西湖南北烟波阔》作于皇祐元年（1049）。〔4〕三五盈盈还二八：十五、十六的月亮。〔5〕"与余同是识翁人"二句：四十三年过去了，新人辈出，大多都没有见过欧阳修。和我一样熟识欧公的，只有西湖水底的月亮。西湖：在颍州城西。欧阳修曾作《采桑子》十首，歌咏颍州西湖的四时美景。

第 7 讲　从公已觉十年迟：苏轼与王安石

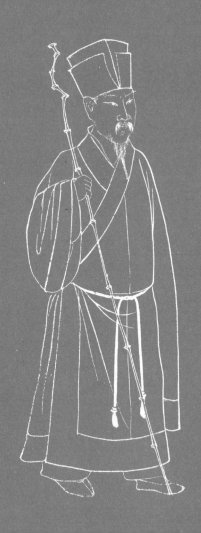

激烈的朝政斗争，让苏轼身心俱疲，他渴望退隐归田。这时候，当他想起王安石，想起「从公已觉十年迟」的诗句时，一定更加钦佩王安石的急流勇退，钦佩他迅速从政争中抽身而出、悠游田里的智慧和勇气。

王安石比苏轼大十六岁。他字介甫，抚州临川（今江西省抚州市）人，庆历二年（1042）进士，晚年自号半山居士，被封"荆国公"，谥号"文"，所以人们又称他"王荆公""王文公"。

苏轼考上进士时，王安石已经是宋代政治、思想、文化界最为引人注目的明星。他们同样受知于欧阳修，却因政治、学术、性情、人际关系等多重因素，在此后的岁月中，亦敌亦友，剪不断理还乱。

● 变法前，王安石与苏洵父子的过节

早在他俩相识之前，王安石就在欧阳修家的宴会上与苏轼的父亲苏洵多次碰面，但彼此没有丝毫好感。王安石向来以正统儒家自诩，与苏洵在学术渊源、思想观念，乃至文章风格等方面都极不相同，并多次在众人面前抨击苏洵。苏洵则更是视王安石为仇敌，不仅写诗作文明里暗里针对王安石，还曾对欧阳修说："此人将来必乱天下！"劝欧阳修不要跟他交往。

嘉祐六年（1061），苏轼、苏辙参加制科考试。考试分为"秘阁六论"与"御试对策"两场。秘阁是朝廷重要的藏书之地，在里面任职的都是当时最有名望的人。"秘阁六论"在秘

阁举行，要求考生写作六篇命题论文。"御试对策"则是由皇帝亲自主持的考试，考官就国家政治、经济等方面提出问题，由考生对答，称为"对策"。

在王安石担任考官的"秘阁六论"考试中，苏轼兄弟顺利晋级，并没有遭遇任何阻力。不过，在接下来的"御试对策"中，苏辙的对策在考官中引起了激烈争论，有的认为应评为最高等级，有的则主张淘汰。大家意见难以统一，最后由仁宗皇帝拍板，苏辙以第四等次录取。王安石虽然没有参与"御试对策"的选拔工作，但他认为苏辙的对策偏袒宰相，一味攻击皇帝，和依附权臣的西汉大臣谷永毫无区别。因此，当朝廷为制科及第者授予官职时，身为知制诰（负责起草朝廷公文）的王安石，拒绝为苏辙撰写任命书。这件事情，使苏洵与王安石的关系雪上加霜。据说，随着王安石声望越来越高，京城士大夫无不趋之若鹜，苏洵心中不忿，还写了一篇《辨奸论》，痛斥王安石是"阴险狠贼"的"大奸慝（tè，邪恶，恶念）"。当然，这篇《辨奸论》的作者究竟是不是苏洵，直到现在仍有争议。

● 变法中，王安石与苏轼兄弟的矛盾

熙宁二年（1069）二月，王安石担任参知政事（副宰相），走马上任后的第一件大事，就是成立财政改革领导小组——制置三司条例司。作为推行新法的核心机构，制置三司条例司由宰相陈升之、副宰相王安石担任长官，另外还需配备检详文字官两到三名、相度利害官若干名。检详文字官

参与讨论财政改革措施，并起草新法；相度利害官则将出使各地，督促、检查新法施行情况。刚过而立之年的苏辙被任命为检详文字官，因为他曾在三月写了一篇《上皇帝书》，提出对国家政治的看法，认为当以理财为先。这一观点，与神宗皇帝、王安石不谋而合。由此看来，在用人方面，王安石并没有任何成见。然而，在新法的讨论、拟订与颁行过程中，苏辙与以王安石为代表的变法派在很多具体问题上意见存在分歧，矛盾越来越大，他于八月份坚决辞去检详文字官之职，从此完全站在反变法的立场上。王安石对此十分恼怒。

　　和苏辙一样，苏轼对王安石变法也持反对态度。熙宁二年（1069）三月，他写了《议学校贡举状》，明确反对科举改革，还对当时其他几种改革意见进行了批判。文章层层深入，论辩滔滔。神宗读罢赞叹不已，立即传旨召见苏轼，命他就当前时政发表看法。这次召见，苏轼给神宗留下了很好的印象，随后神宗多次想重用苏轼，但都遭到王安石的反对。王安石认为，苏轼的议论不过是些书生空论，并没有实际的用处，但足以蛊惑人心，扰乱是非。如果把这样的人放在重要岗位上，一定会给改革事业造成破坏。熙宁二年（1069）八月，苏轼担任国子监举人考试官，出了一道考题，具体内容是："晋武平吴以独断而克，苻坚伐晋以独断而亡；齐桓专任管仲而霸，燕哙专任子之而败。事同而功异，何也（晋武帝平定吴国，因为独断专行而取得胜利，苻坚讨伐东晋，因为独断专行而兵败亡国；齐桓公因为专任管仲而成就霸业，燕王哙因为专信子之而导致灭亡。相同的事情结果却不同，为什么）？"这个考题明显在针对当前的朝政现状，因王安石曾鼓励神宗独断，而神宗对王安石专信不疑。王安石见到考题之后很不高兴。当神宗再一次提起想要重用苏轼时，王安石便毫不客气地抨击苏轼不过是"奸邪之人而已"。熙宁三年（1070）三月，苏轼又作《拟进士对御试策》，对新法一一加以驳斥。这一系列言行，深得众多反变法派官员的高度认同与赞赏。而王安石则对他更加厌恶，认为苏轼虽然有才华，但其言行对变法益处少，害处大。

熙宁三年（1070）八月，苏轼遭到台谏官弹劾，说有人反映，苏轼在嘉祐、治平年间，往返汴京和蜀地途中从事走私活动。朝廷下令彻查，当年为苏轼掌船的篙工水师，全都遭到传唤。但是，经过几个月深入细致的严查，并没有找到任何真凭实据。苏轼第一次真切感受到官场险恶，不免心灰意冷。十二月卸任京城之职后，便自请外任。神宗批示"与知州差遣"（任命为知州，相当于今天的市长），宰相办公室不同意，改为"通判颍州"（相当于颍州副市长），神宗又改批为"通判杭州"。杭州属东南第一大都会，按规定，这一职位与知州同一级别。

● 王安石对苏轼的关注与赏识

苏轼于熙宁四年（1071）七月离开汴京，在地方任职九年，先后担任杭州通判、密州知州、徐州知州、湖州知州，直到元丰二年（1079）"乌台诗案"爆发。

当苏轼因写诗讥讽时政遭到御史台羁押时，王安石隐居在江宁（今江苏省南京市）。他于熙宁九年（1076）辞去宰相之职，退归田里已经三年。虽然，王安石执政期间，苏轼一直是他的反对派，而且直到此时，御史们也仍以"苏轼与金陵丞相论事不合"为说辞，但王安石并不赞成以言罪人的做法。据说，苏轼被囚期间，他曾驰书相救，说："岂有圣世而杀才士者乎！"

王安石的弟弟王安礼也找机会向神宗进言，他说："自古大度之君不以语言谪人。虽然苏轼怀才不遇，不免有怨望之词，但若因此严加惩处，恐怕后世之人会说陛下不能容才。"

虽然，过去的二十多年，苏轼以及他的父亲、弟弟，与王安石之间有过许许多多的恩怨纠葛，但是在他们各自的心中，彼此都是无法忽略的存在。元丰三年（1080），有访客从苏轼贬谪地黄州来到江宁探望王安石。一见面，王安石便问："子瞻近日有何妙语？"

客人说："子瞻住在临皋亭，有天夜里，醉梦而起，作《胜相院经藏记》千余言，仅修改一两字，即成定稿。我有抄本，现在船上。"

王安石忙派人取来。当时月出东南，林影在地，他站在屋檐下展卷细读，喜上眉梢，评论道："子瞻，人中龙也！但有一字不够稳妥。'如人善博，日胜日负'，不若曰：'如人善博，日胜日贫。'"

苏轼听到后，拊掌大笑，认为王安石堪称一字之师，欣然提笔，加以修改。不过，另有一个说法是，苏轼原稿本就是"日胜日贫"。倘若真是如此，也许是抄本误作"日胜日负"，则王安石作此修改，恰好说明英雄所见略同。

● 王安石与苏轼金陵相会

元丰七年（1084），苏轼从黄州量移汝州，途中经过江宁。系舟秦淮河上，他很想拜会王安石，但身为谪臣，加上昔日的恩恩怨怨，他不敢造次。于是亲书诗文十篇，寄往半山园王安石府邸。最后一页写道：

元丰七年七月十一日，舟行过金陵，亲录此数篇，呈丞相荆公，以发一笑而已，乞不示人。轼拜白。

收到苏轼的诗书，王安石十分惊喜，也完全明白苏轼的顾虑，第二天便身着便服，乘驴而往，主动到苏轼停舟之处拜访。苏轼大出意外，来不及戴帽子，更来不及换衣服，立即跳下船来，拱手而揖："苏轼今日敢以野服（村野平民的服装）见大丞相。"

王安石笑道："礼岂为我辈设哉！"

此后，在江宁逗留的日子，苏轼便经常与王安石相晤。一天，他们谈起苏轼在密州的旧作《雪后书北台壁二首》。王安石指出，其中"冻合玉楼寒起粟，光摇银海眩生花"两句用典极为精妙。王安石的女婿蔡卞恰巧在座，他不解地问："这两句诗不就是描写雪后的景色吗？屋宇覆盖着深雪，恍如玉楼，四野弥漫着雪花，恰似银海。哪里有用典？"

王安石解释道："这里的典故出自道家典籍，道家以两肩为玉楼，以双目为银海。子瞻，是这样吗？"

苏轼笑了，自从这首诗写出来，还没有人看出这里的用典呢。后来，他和朋友谈起，不胜钦佩地说："学荆公者，岂有如此博学哉！"

苏轼这两句诗，和王安石《书湖阴先生壁》中的"一水护田将绿绕，两山排闼送青来"一样，其妙处恰在于，不懂典故的读者，可根据诗歌的字面意思，体会诗句的意义和美感；而懂得其中典故的读者，便能在此基础上，获得更进一步的联想与审美的愉悦。这是用典的最高境界，但非才高博学者不能做到。

苏轼兴趣广泛，喜欢收集药方。王安石素有偏头痛的毛病，在朝任职时，有一次突然发病，痛不可忍，神宗送给他一种药水，说："左边痛则灌右鼻，右边痛则灌左鼻，左右皆痛则两个鼻孔都灌。"用药后当场止痛。神宗说："禁中自太祖时传下来数十个秘方，这是其中的一个。"并将这个秘方赐给王安石。而这一次，王安石又将秘方转送给了苏轼。

王安石还劝苏轼在江宁买房安家，比邻而居，以后便可常相往来。苏轼也曾有"买田金陵，老于钟山之下"的打算，但没有找到合适的机会。

八月，苏轼离开江宁，继续北上。临别之际，王安石手抄近作四首相赠，苏轼次韵回赠，其中一首写道：

骑驴渺渺入荒陂，想见先生未病时。劝我试求三亩宅，从公已觉十年迟。

（苏轼《次荆公韵四绝·其三》）

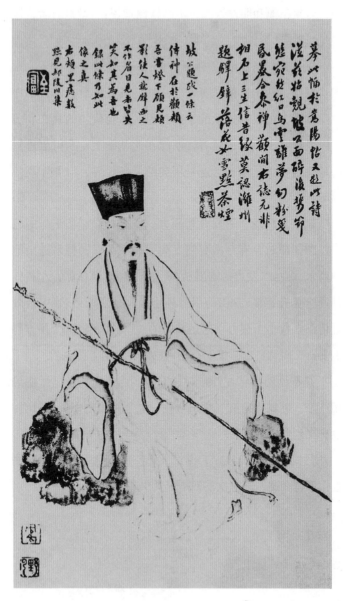

摹此幅於嵩陽帖又題以詩

湛若姑射競姚冶面醉浪夢節
態宛紅烏雲離夢幻梵筴
臥展合泰禪額間右誌元非
相石上三生信昔緣莫認潍州
題驛壁落葉如雲點茶煙

坡公題戲戡一條云
傳神在於額頰
吾嘗燈下顧見頰
影使人就壁畫之
不作眉目見者皆曰
笑知其為吾也
錄此條乃知此
像之真
去頰里盧敢
熙見郢陵川集

◎ 摹「蘇軾坐像」 ◎ 傳〔宋〕李公麟繪，〔清〕朱野雲摹

128

王安石退休后，经常像普通老百姓一样，骑着驴子在山野间游玩，没有一点达官贵人的排场。诗歌前两句描写的就是王安石骑驴出行的情景。

目送苏轼远去的身影，王安石对身边人说："这么杰出的人物不知几百年才能出一个啊！"

一年多后，王安石去世。当时，政局已经发生了根本变化，旧党执政，苏轼回到朝廷，并迅速得到升迁。然而，当以司马光为代表的旧党人士全盘否定新法时，苏轼却并不赞成。尽管他曾因反对新法而蒙受了极大的苦难，九死一生，颠沛流离，但对待新法时完全没有从个人好恶出发，而是从利国利民的客观角度考虑问题。他主张对新法进行详细具体的研究，取其所长，弃其所短。这一思想不仅抛弃了个人成见，而且超越了党派立场和意气之争，以事实为宗旨，以真理为依归。这种独立不倚的精神，使他再一次遭到同僚的排挤。激烈的朝政斗争，让苏轼身心俱疲，他渴望退隐归田。这时候，当他想起王安石，想起"从公已觉十年迟"的诗句时，一定更加钦佩王安石的急流勇退，钦佩他迅速从政争中抽身而出、悠游田里的智慧和勇气。

相关作品精读

● 北山

王安石

北山输绿涨横陂[1]，直堑回塘滟滟时[2]。细数落花因坐久，缓寻芳草得归迟。

【注释】

〔1〕陂（bēi）：池塘。〔2〕直堑（qiàn）：直的沟渠。滟滟（yàn yàn）：水浮动的样子。

● 次荆公韵四绝·其三

苏　轼

骑驴渺渺入荒陂[1]，想见先生未病时。劝我试求三亩宅，从公已觉十年迟[2]。

【注释】

〔1〕渺渺：远远。陂（bēi）：山坡。〔2〕从公已觉十年迟：

有两种解释。其一，十年前王安石当政时，他们就应该和睦相处。其二，在王安石退隐的十年中，苏轼早就该追随左右。

● 与王荆公二首·其二

苏 轼

某顿首再拜特进大观文相公执事[1]。某近者经由，屡获请见，存抚教诲，恩意甚厚。别来切计台候万福[2]。某始欲买田金陵，庶几得陪杖屦[3]，老于钟山之下。既已不遂[4]，今仪真一住，又已二十日，日以求田为事，然成否未可知也。若幸而成，扁舟往来，见公不难矣。向屡言高邮进士秦观太虚[5]，公亦粗知其人，今得其诗文数十首，拜呈。词格高下，固无以逃于左右[6]，独其行义修饬[7]，才敏过人，有志于忠义者，某请以身任之[8]。此外，博综史传，通晓佛书，讲习医药，明练法律，若此类，未易以一二数也。才难之叹[9]，古今共之，如观等辈，实不易得。愿公少借齿牙，使增重于世，其他无所望也。秋气日佳，微恙颇已失去否？伏冀自重。不宣[10]。

【题解】

元丰七年（1084）九月苏轼书此信于仪真（今江苏省仪征市）。有版本题作《上荆公书》，本书采用《苏轼文集》的版本。

〔1〕相公：王安石当时的荣誉官衔是特进、大观文殿学士，封"荆国公"。因他曾任宰相，所以尊称为"相公"。执事：古代官员身边的侍从，后来用作对对方的敬称，表示不敢直指其人。〔2〕台候：敬辞，用于问候对方起居寒暖。万福：多福。〔3〕庶几：表示希望的语气词，或许可以。杖屦（jù）：手杖与鞋子，这里是对老者、尊者的敬称。〔4〕不遂：没能如愿。〔5〕向：之前，以往。高邮：地名，今江苏省高邮市。秦观：北宋词人，字太虚，后来改字少游。〔6〕"词格高下"二句：诗文格调的高低，您自然一目了然。左右：和"执事"同义。〔7〕行义修饬（chì）：品行端正。〔8〕以身任之：以我的人格担保。〔9〕才难之叹：人才难得的感叹。〔10〕微恙（yàng）：小小的疾病。伏：对尊长自谦的敬辞。冀：希望。自重：自己保重。不宣：不一一细说。

● 回苏子瞻简

王安石

某启：承诲喻累幅[1]，知尚盘桓江北，俯仰逾月，岂胜感怅！得秦君诗，手不能舍，叶致远[2]适见，亦以为清新妩丽，与鲍、谢[3]似之，不知公意如何？余卷正冒眩[4]，尚妨细读，尝鼎一脔，旨可知也[5]。公奇秦君，数口之不置[6]，吾又获诗，手之不舍。然闻秦君尝学至言妙道[7]，无乃笑我与公嗜好过乎[8]？未相见，跋涉自爱[9]，书不宣悉。

【注释】

〔1〕承：承蒙，客套话。诲喻：即诲谕，教诲，晓喻。累幅：形容篇幅长。〔2〕叶致远：叶涛，字致远，王安石的侄婿。〔3〕鲍、谢：南朝文学家鲍照、谢朓。〔4〕冒眩：头晕眼花。〔5〕"尝鼎一脔"二句：尝尝鼎里的一片肉，可以知道整个鼎里的肉味。比喻根据部分可推知全体。脔（luán）：切成小块的肉。旨：美味，美好。〔6〕数口之不置：赞不绝口。〔7〕至言妙道：指佛、道超然淡泊的思想。〔8〕无乃：岂不是，恐怕会。嗜好过：过于执着。〔9〕跋涉自爱：旅途中善自珍重。

第 8 讲　相知惟君实：苏轼与司马光

苏轼在《司马温公神道碑》中十分动情地写道：『当他退居洛阳时，像贫居陋巷的颜回一样无权无势，像行吟泽畔的屈原一样失意不得志。他长久地在老百姓的耳目视听之中消失，他的名声却像万钧的雷霆响彻天下，又像夜空的银河，家家户户举目可见。』

司马光，字君实，陕州夏县（今山西省夏县）人，宝元元年（1038）进士。自号迂叟。被封为"温国公"，谥号"文正"，所以人们又称他"司马温公""司马文正公"。

● 制科考试力挺苏辙

在人才济济、群星璀璨的宋仁宗嘉祐年间，司马光和王安石同属中生代杰出人物。但是，与王安石不同，司马光对初露头角的苏轼兄弟青眼有加。

嘉祐六年（1061），苏轼、苏辙参加制科考试，王安石是"秘阁六论"的考官之一，司马光则是"御试对策"的考官之一。苏辙的对策由于对朝政的批判过于尖锐，录取过程中引起了考官们的激烈争论，录取之后又发生了知制诰王安石拒绝撰写任命书的风波。而司马光则自始至终力挺苏辙，虽然那时候他们并不相识。司马光是第一个读到苏辙的制科对策的考官，他大为赞赏，评为第三等（最高等级）。在遭到其他考官反对时，他仍坚持认为，本次制科考生中，苏辙最具有爱君忧国之心，不可不录取。

治平三年（1066）四月，苏洵病逝，北宋思想文化界人士同声哀悼，欧阳修亲自为苏洵撰写了墓志铭。苏轼兄弟将依照朝廷规定免除官职，回乡守丧，并按照蜀地习俗，将父

亲与九年前去世的母亲程夫人合葬。司马光登门吊唁时，苏轼、苏辙含着眼泪请求司马光为他们的母亲撰写墓志铭。可见，司马光与苏轼兄弟之间的私交非常密切。

● **变法时期同声相应、同气相求**

熙宁二年（1069）二月，苏轼兄弟免丧回到汴京，正值王安石变法刚刚拉开帷幕。时任翰林学士兼翰林侍读学士的司马光，与王安石政见不合，针锋相对，很快成为反变法派领袖。而苏轼兄弟与司马光观点一致，因此引为知己。苏轼在写给朋友的信中曾说："我在汴京城里最知己的朋友，只有司马君实和刘贡父。"

熙宁二年（1069）十月，神宗皇帝命令司马光物色谏官人选，司马光立即推荐了苏轼，他称赞苏轼："文学富赡，晓达时务，劲直敢言。"

熙宁三年（1070）八月，有人诬陷苏轼利用官船私自贩运货物，司马光更是在神宗面前极力为他辩白。不久之后，他们先后离京外任。虽然天南地北，不在一处任职，但苏轼与司马光一直保持着密切的诗书往来。

熙宁六年（1073），司马光在洛阳买了二十亩地，建造了一座私家园林，取名为"独乐园"，并自号迂叟，意思是不识时务的迂腐之人。在《独乐园记》中他写道："孟子曾劝告齐宣王：'一个人快乐，不如跟别人一起快乐；跟少数人一起快乐，不如跟众人一起快乐。'这是得志在位的王公大人应该追求的快乐，不是贫寒卑贱的人所能达到的。孔子曾描述自己的日常生活：'吃着粗茶淡饭，累了就枕着臂弯睡一会，内心自有一种充实安宁的快乐。'孔子的弟子颜回也是如此，过着箪食瓢饮的艰苦生活，仍能保持乐观，这是境界高远的圣贤发自内心的快乐，不是资质愚钝的人所能达到的。至于像鹪鹩在树上筑巢，树枝再多，也只占用其中一枝；像鼹鼠在河边饮水，河水再多，喝饱就可以了，遵从天性，安分守己，这就是我这个迂腐的老头所追求的快乐。"

其实，"与人乐乐""与众乐乐"是司马光终其一生的宏伟志向；布衣蔬食，甘于清苦，而不改其乐，是司马光身体力行的圣贤境界。然而，在新党执政的政治背景下，"道不同不相为谋"，兼济之志无法实现；而圣贤境界，他也谦虚地认为自己无法企及。或许当下最简单的生存法则，就是与世无争、不谈国事吧。因此，他借鹪鹩、鼹鼠自嘲，表达对现实的不满与无奈。

苏轼十分理解司马光的心情，在《司马君实独乐园》一诗中，他将司马光比拟为庄子笔下的"才全"之人。庄子认为，一个人如果能将死生、得失、祸福等，看得像昼夜变化一样自然，丝毫也不影响自己心境的平和，他便可以算是"才全"之人。"才全"的人德性并不显露，从外表上看，平平常常，普普通通，很容易被人忽视。但是，正如老子所说："知我者希，则我贵矣。"越是伟大的人物，懂得他、理解他的人就越少。司马光在独乐园中修身养性，追求"才全德不形"的境界，不问政事，专心写作《资治通鉴》。然而，他崇高的声望早已遍及四海，人们都期望获得他的陶冶教化。因此，苏轼跟他开玩笑道："如果说您的声望是一种病，这病大概是上天对你施加的惩罚，想逃也逃不掉。"

熙宁八年（1075），苏轼在密州造超然台，并作《超然台记》，借助庄子的相对主义思想，疏解内心的苦闷，表达超然物外、无往而不乐的人生态度。他说："之所以人们都希望求福避祸，是因为福可喜而祸可悲。可是人的欲望无穷，而可以满足欲望的物质有限，在错综复杂的分辨与取舍间，难免陷入患得患失的矛盾中不能自拔，于是喜悦很少，悲伤很多，反而变成求祸而避福。这种违背人情人性的现象，恰恰是受物欲蒙蔽的结果。被物欲支配的人生，往往美恶交错而生，忧乐夹杂而出，这是人生最大的悲哀！摆脱了物欲的支配，则心灵自由，其乐无穷。"

司马光读到这篇文章，大为赞赏，立即作《超然台诗寄子瞻学士》，称赞苏轼有"仁智心""忠义胆"，并说"比之在陋巷，为乐亦何歉"？认为苏轼和同僚在超然台上，欢聚燕谈，纵目山川，与颜回居陋巷、饭蔬食而不改其乐异曲同工，同样是在逆境中固穷守节，焕发出崇高的道德之美。

元丰二年（1079），"乌台诗案"爆发，司马光因与苏轼往来密切，收受讥讽文字没有主动上缴，受到罚铜二十斤的处分。但是，这并没有影响他们的友谊。

● 旧党执政后，苏轼与司马光产生矛盾

元丰八年（1085）三月初一，神宗去世。继任的哲宗皇帝年仅十岁，不能亲政，神宗的祖母高太后垂帘听政。太后的政治态度十分鲜明，坚决站在反变法派一边。因此，她采取的第一项措施就是起用司马光。三月十七日，司马光奉诏进京。五月二十六日，拜门下侍郎（副宰相）。次年闰二月二日，出任尚书左仆射兼门下侍郎（宰相）。与司马光同时，苏轼也被重新起用，并迅速获得升迁。

司马光执政后，陆续废除熙宁、元丰年间实施的新法，其中保甲法、方田均税法、市易法、保马法等，在实施过程中曾产生较为严重的弊端，因此，将这些新法逐一废除时，几乎没有遇到什么阻力。但是，在免役法的存废问题上，却掀起了一场轩然大波。不仅变法派大臣反对废除免役法，就连反变法派大臣也认为免役法较为有利，不应轻易废除。

熙宁年间，王安石推行免役法时，苏轼曾是最激烈的反对者之一。但是，此后多年担任地方官所积累的实践经验，使他逐步认识到，免役法虽然并非十全十美，但可以减少官

吏勒索百姓的机会，确实有其可取之处。奉调回京后，第一次与司马光见面，苏轼便将自己十多年来对于免役法的观察和思考和盘托出，希望司马光能有所吸取，更全面、更慎重地对待免役法的存废问题。谁知司马光个性极为执拗，对新法的成见太深，根本听不进不同意见，任凭苏轼条分缕析，侃侃而谈，他只是板着面孔一言不发。等苏轼把话说完，他一摇头，一摆手，表示不以为然。

这番谈话，双方都觉得非常失望。苏轼十分敬重司马光的人品和学问，也感激他对自己的提携。长期以来，他和所有政治观点相近的人一样，急切地盼望司马光执掌朝政，给国家带来富强，给民众带来安宁。谁知他竟重蹈王安石的覆辙，固执己见，刚愎自用，走向另一个极端。如此意气用事地处理国家大事，岂不堪忧？

尽管舆论汹汹，元祐元年（1086）二月，在司马光的强力推动下，免役法仍被废除了。紧接着又成立了负责研讨役法改订的专门机构——详定役法所，苏轼也被选派参加。到了这个份儿上，盈廷朝士，谁也不敢再发表不同意见。唯有苏轼不肯见风使舵、随波逐流。尽管此时，他的仕途一直有不断上升的趋势，但是高官厚禄不能换来苏轼无原则的追随。后来，在与挚友的信中，他说："以前的士大夫们，都对荆国公王安石唯命是从；现在的士大夫们，都对温国公（司马光）俯首相随。他们追随的对象不同了，但相同的是放弃原则、随波逐流。我和温公相知至深，从来没有任何隔阂，但不会唯唯诺诺，放弃自己的独立思考。"

他将当年在密州推行免役法时，"因法以便民"的经验写成文章，提供给详定役法所的同僚参考。又在宰相办公室与司马光理论，公开陈述他的反对意见。司马光心里极不耐烦，不禁怒形于色。苏轼说："当年您做谏官时，与韩魏公（仁宗朝宰相韩琦）争论朝政得失，惹得魏公很不高兴，您也奋然不顾。如今您当了宰相，难道就不能允许我把话说完吗？"

见苏轼提起往事，司马光不得不勉强一笑，以示歉意，但心中却存有芥蒂，依旧一意孤行，对苏轼的意见置若罔闻。司马光的顽固态度令苏轼极为愤慨，退朝回家后，他依然怒气冲冲，一边换衣服，一边连声怒呼："司马牛！司马牛！"

在详定役法所里，苏轼也坚持己见，经常与同局官员发生激烈辩论，难以与他们共事，因而遭到一帮紧跟司马光的朝臣的敌视。在这种不容异见的政治氛围中，苏轼心中充满了苦涩。他一再请求退出详定役法所，同时离开朝廷，出任地方官，但是都没有得到批准。

作为一位胸襟坦荡的贤人君子，司马光虽然不愿接受苏轼的意见，但也并没有因此而开罪苏轼。相反，在他执政期间，苏轼一直仕途通达。

● **永远的怀念**

半年后，司马光因病去世。他与苏轼的矛盾也戛然而止。中国人讲究"死者为大"，给去世的人写行状、墓志铭，往往都是歌功颂德，有时甚至会文过饰非，因此苏轼从来不肯写作这类文章。但这一次他却破例撰写了《司马温公行状》与《司马温公神道碑》两篇文章，表达自己对这位伟人、至交的无限崇敬与哀悼。

司马光一生，以文章知名于世，以忠义受知于朝，以温厚善良待人，以恭谨俭约律己，深受人们爱戴。他退居洛阳，潜心著述时，虽不问世事，但声名远播。苏轼在《司马温公神道碑》中十分动情地写道："当他退居洛阳时，像贫居陋巷的颜回一样无权无势，像行吟泽畔的屈原一样失意不得志。他长久地在老百姓的耳目视听之中消失，他的名声却像万钧的雷霆响彻天下，又像夜空的银河，家家户户举目可见。听到他的名字，不管是无知无识的女人孩子，还是难服管教的士兵蛮夷，甚至是仇视他的奸邪小人，没有不肃然起敬的。"

元丰八年（1085），司马光奉诏进京，满城百姓，争相围观，把他乘坐的马车围得水泄不通。元丰八年年底，苏轼从登州回汴京，途经八个州郡，耳闻目睹万千民众对司马光主持政事的热切期望。他们聚集在苏轼的车马前大声疾呼："请苏大人寄语司马丞相，千万不要离开朝廷，一定要好好保重身体，造福于民！"

作为一代名臣，司马光官至宰相，一人之下，万人之上，但日常生活仍十分俭朴，盖的被子没有用过绸缎等价格高昂的材料，而是像普通老百姓一样，长年盖着一条价格低廉的布被。这条布被还是当年在洛阳时老友范镇送给他的，老友范纯仁为此专门写了一篇《布衾铭》，文章说：

藜藿之甘，绨布之温，名教之乐，德义之尊，求之孔易，享之常安。绮绣之奢，膏粱之珍。权宠之盛，利欲之繁。苦难其得，危辱旋臻。……君子以俭为德，小人以奢丧躯。

大意是：布衣蔬食给予的温饱，恭谦仁义带来的快乐，若想追求，对于每个人来说都是容易的，而且也是最安稳的；而富贵奢侈，权势地位，若想获得，却非常艰难，即便侥幸获得，也很容易失去。因此，智慧的君子会以俭为德，而愚痴的小人往往以奢丧身。司马光十分喜欢，特意将这篇铭文写在被子上。

司马光去世后，汴京城里成千上万的百姓都关闭了店铺，前往吊唁，有些贫穷的人甚至变卖衣物置办祭品。人们痛哭流涕，就像自己的亲人去世了一样悲伤。他下葬时，前来送葬的人达到数万名之多。就连偏远的岭南地区，父老乡亲也纷纷前往寺庙做法事追荐司马光。至于画像建祠祭祀的，更是遍及天下。

在往后的岁月中，苏轼常常追忆这位卓越的长者，点滴琐事，片言只语，都是如此珍贵。

元祐元年（1086），苏轼在汴京，重读范纯仁为司马光所作的《布衾铭》，十分感慨，于是写下《跋司马温公布衾铭后》一文。文章指出：真正体认了生命本质与意义的有道之士，对于死生祸福淡然处之，更不会在意物质生活的好坏，无论是否得到帝王的任用，他的精神品格都足以使他永垂不朽，而司马光就是这样的人。

元祐五年（1090），苏轼在杭州，他想起和司马光论茶与墨的一段往事，写下《记温公论茶墨》。司马光说："茶与墨正相反，好茶要白，好墨要黑；好茶要重，好墨要轻；好茶要新，好墨要陈。"苏轼说："茶与墨也有相同的地方。奇茶妙墨都很香，而且很坚硬，就像贤人君子，外貌上可能有美丑黑白的不同，但内在的德性与操守则没有任何区别。"司马光微笑着点头，表示认同。

元祐七年（1092），苏轼在扬州，听他的学生晁补之说："司马温公曾说：我没有什么过人之处，只有一点，平生所作所为，没有见不得人的地方。"他立即将这句话记录下来，写下《温公过人》一文，并补充道："有位前辈也曾有诗曰：'怕人知事莫萌心。'这些话都可以作为座右铭，终身履践。"

在苏轼心中，今生今世，能与司马光成为忘年之交，无疑是人生极大的幸事！

相关作品精读

● 独乐园记（节选）

司马光

孟子曰："独乐乐，不如与人乐乐；与少乐乐，不如与众乐乐[1]。"此王公大人之乐，非贫贱者所及也。孔子曰："饭蔬食饮水，曲肱而枕之，乐亦在其中矣[2]。"颜子"一箪食，一瓢饮，不改其乐[3]"，此圣贤之乐，非愚者所及也。若夫"鹪鹩巢林，不过一枝，偃鼠饮河，不过满腹[4]"，各尽其分而安之，此乃迂叟之所乐也。

【注释】

〔1〕"独乐乐"四句：出自《孟子·梁惠王章句下》。原文："（孟子）曰：'独乐乐，与人乐乐，孰乐？'（齐宣王）曰：'不若与人。'（孟子）曰：'与少乐乐，与众乐乐，孰乐？'曰：'不若与众。'"乐乐（yuè lè）：欣赏音乐的快乐。〔2〕"饭蔬食饮水"三句：出自《论语·述而》。肱（gōng）：上臂。〔3〕"一箪食"三句：出自《论语·雍也》。原文是："子曰：贤哉，回也！一箪食，一瓢饮，在陋巷，人不堪其忧，回也不改其乐。贤哉，回也！"箪（dān）：小筐。〔4〕"鹪鹩巢林"四句：出自《庄子·逍遥游》。鹪鹩（jiāo liáo）：一种小鸟，善于筑巢，俗称"巧

妇鸟"。鼹（yǎn）鼠：《庄子·逍遥游》中作"偃鼠"，一种小型哺乳动物，外形像鼠。

● 超然台记（节选）

凡物皆有可观。苟有可观，皆有可乐，非必怪奇伟丽者也。哺糟啜醨[1]皆可以醉，果蔬草木皆可以饱。推此类也，吾安往而不乐？

夫所为求福而辞祸者，以福可喜而祸可悲也。人之所欲无穷，而物之可以足吾欲者有尽。美恶之辨战乎中，而去取之择交乎前，则可乐者常少，而可悲者常多，是谓求祸而辞福。夫求祸而辞福，岂人之情也哉？物有以盖[2]之矣。彼游[3]于物之内，而不游于物之外。物非有大小也，自其内而观之，未有不高且大者也。彼挟其高大以临我，则我常眩乱反覆，如隙中之观斗，又焉知胜负之所在？是以美恶横生，而忧乐出焉。可不大哀乎！

【注释】

〔1〕哺糟啜醨（bū zāo chuò lí）：吃酒糟，喝薄酒。出自《楚辞·渔父》："众人皆醉，何不哺其糟而啜其醨？"〔2〕盖：蒙蔽。〔3〕游：游心，即留心、潜心。

司马君实独乐园

苏　轼

　　青山在屋上，流水在屋下[1]。中有五亩园，花竹秀而野。花香袭杖履，竹色侵杯斝[2]。樽酒乐余春，棋局消长夏。洛阳古多士，风俗犹尔雅[3]。先生卧不出，冠盖倾洛社[4]。虽云与众乐，中有独乐者。才全德不形，所贵知我寡。先生独何事，四海望陶冶。儿童诵君实，走卒知司马。持此欲安归，造物不我舍。名声逐吾辈，此病天所赭[5]。抚掌笑先生，年来效喑哑[6]。

【注释】

　　〔1〕"青山在屋上"二句：独乐园可以远眺群山，园内有流水环绕。〔2〕杯斝（jiǎ）：酒杯。〔3〕尔雅：雅正，文雅。〔4〕冠盖：古代官吏的帽子和车盖，泛指高级官员。洛社：元丰年间，司马光与文彦博、富弼等十几位闲居洛阳的高级官员相约定期饮酒赋诗，称为"洛阳耆英会"。〔5〕赭（zhě）：施加罪罚。〔6〕年来效喑哑：意指司马光退居洛阳之后，不再对现实政治发表意见，以示对朝廷的不满。喑（yīn）：嗓子干涩，不能说话。

跋司马温公布衾铭后

苏　轼

士之得道者，视死生祸福，如寒暑昼夜，不知所择[1]，而况膏粱脱粟、文绣布褐之间哉[2]！如是者，天地不能使之寿夭，人主不能使之贵贱[3]，不得道而能若是乎？吾其敢以恭俭名之。仲尼以箪瓢得之颜子，余于温公亦云[4]。

【题解】

北宋名臣范纯仁为老友司马光作《布衾铭》，苏轼的这篇文章是为《布衾铭》题写的跋语。跋：文体的一种，附在正文之后。布衾（qīn）：即布被。古代富贵人家衣、被都用绸、缎等价格高昂的材料，一般平民百姓则用麻、布等价格低廉的材料。铭：一种文体。

【注释】

〔1〕不知所择：即不加选择，不求福也不避祸，对祸福淡然处之。〔2〕"而况膏粱脱粟"二句：意指有道之士更不会在意物质生活的好坏。膏粱：肥肉和细粮，泛指肥美的食物。脱粟：粗粮，只脱去谷皮的粗米。〔3〕"天地不能使之寿夭"二句：意指有道之士精神不朽，将与天地同寿，与日月同光。无论他是否得到帝王（人主）的任用，他的精神品格都足以使他成为最高贵的人。〔4〕"仲尼以箪瓢得之颜子"二句：颜回甘于箪食瓢饮，孔子给予他高度的赞扬，我认为司马温公也有着和颜回相似的品质。

150

第 9 讲　气味固相似：苏轼与黄庭坚

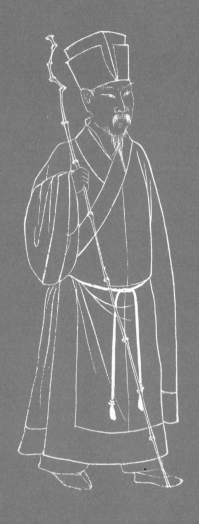

苏轼与黄庭坚，以及以『苏门四学士』为代表的门人弟子的交往，不以地位、官爵、利禄为基础，而以共同的生活理想和文化志趣为前提，真诚牢固，历久弥坚。

在苏轼众多的门人弟子中，成就较高的是黄庭坚、秦观、晁补之、张耒。元祐年间，他们以杰出的文才，先后被选拔为馆阁学士，一时之间传为佳话，人称"苏门四学士"。

● 黄庭坚拜师：迟迟其行

"四学士"与苏轼相识相知于熙宁、元丰时期，每个人拜入"苏门"的方式和途径都各不相同。与晁补之、张耒、秦观等相比较，黄庭坚有更便利的条件接近苏轼。他的舅父李常（字公择）、岳父孙觉（字莘老），都是苏轼的好友。熙宁二年（1069）二月到熙宁三年（1070）三月，三人同在汴京任职。也就是说，早在黄庭坚二十五岁时，他就有机会拜苏轼为师。然而，这一在文学史上具有深远意义的时刻却迟迟没有到来。

黄庭坚，字鲁直，号山谷，治平四年（1067）进士。进士及第后，任汝州叶县（今河南省叶县）县尉（相当于今天的县公安局局长）。熙宁五年（1072），二十八岁的黄庭坚又参加了招考四京学官考试，名列优等，被任命为北京（今河北省大名县）国子监教授。赴任途中，他绕道湖州，探望岳父孙觉。就在这时，杭州通判苏轼正要去湖州出差，出发前寄诗给老友孙觉，诗中写道：

江夏无双应未去，恨无文字相娱嬉。黄庭坚，莘老婿，能文。

（苏轼《再用前韵寄莘老》）

意思是说：您的女婿黄鲁直应该还没离开湖州吧？真希望这次有机会和他欢聚，以文会友呀，只是我诗才鲁钝，恐怕写不出好作品。"江夏无双"的典故出自《后汉书·黄香传》。东汉时，江夏人黄香博学能文，闻名全国，就连京城都在盛传"天下无双，江夏黄童"的谣谚。苏轼借以指代黄庭坚，称赞他才华出众。

我们不妨设想，假如这时黄庭坚对苏轼怀着热烈的仰慕之情，得知苏轼即将到来的消息，一定万分高兴，翘首以待；甚至不等苏轼来到，就迫不及待地乘舟南下，前往迎接；而且杭州与湖州相距不远，或许在逗留湖州期间，他早已专程到杭州拜见苏轼。但是，这些假设都没有发生。十二月苏轼抵达湖州与孙觉相会时，黄庭坚已经离去。

尽管黄庭坚表现得有些漫不经心，他的岳父大人孙觉却对女婿的文学前程十分在意，他拿出黄庭坚的诗文给苏轼看，并说："目前了解鲁直才华的人很少，还得请您多多揄扬、多多提携。"

苏轼读过之后，连声赞叹道："鲁直就好比是精金美玉，即使他不和人交往，人们也都会争相和他交往，将来他一定会名满天下，想逃都逃不掉，哪里需要我来称扬？"

而且，苏轼还以文观人，认为黄庭坚是那种轻视功名利禄和物质享受的人，因为他对自我的人格境界、精神世界非常看重。

苏轼对黄庭坚的高度赞扬很快传开了，所有仰慕苏轼的人都对黄庭坚充满好奇。但是，随后几年，黄庭坚仍然没有主动和苏轼联系。

熙宁十年（1077）正月，苏轼途经济南，与老友李常相会。黄庭坚幼年丧父，十五岁便跟随舅父李常读书，甥舅感情十分深厚。从李常那里，苏轼读到了黄庭坚的更多作品，对他的了解更加深入，同时也更加欣赏赞叹他，认为他就像是庄子笔下超逸绝尘、独立于万物之外的高人胜士。

元丰元年（1078）二月，黄庭坚终于迈出了历史性的一步，他恭恭敬敬地给苏轼写了一封信，对苏轼的知遇与赞扬表达衷心的感谢，并附上诗篇《古风二首上苏子瞻》。诗歌以青松比喻苏轼，以小草自喻，认为"小大才则殊，气味固相似"，彼此才华大小各不相同，但人生志趣相投；并明确表示："小草有远志，相依在平生。"表达了拜苏轼为师的迫切愿望。苏轼读后，十分高兴，回信中再一次高度评价黄庭坚的人品才华，并附上诗篇《次韵黄鲁直见赠古风二首》，视黄庭坚为知音。至此，苏轼与黄庭坚才正式订交，确立师生名分。

● **迟迟其行的原因**

此时黄庭坚已年满三十四岁，思想性格基本定型，创作风格也基本成熟，是当时文坛上崭露头角的青年诗人。熙宁年间，他在叶县任上所作《冲雪宿新寨忽忽不乐》一诗传到京师，当朝宰相王安石为之击节叹赏；在北京国子监任教授时，又得到四朝重臣、北京留守文彦博的器重。他的才德学识不仅赢得了前辈贤哲的赏识，而且吸引了众多同辈与后学，甚至形成了一个以黄庭坚为中心的小型诗社。

我们不禁要问，为什么六年前黄庭坚需要提携扶持的时候，却坐失良机，似乎并没有拜入苏门的意思；六年后在文坛已挺然有崛起之势，反而远寄书信，恭执弟子之礼？

原因可以从苏轼、黄庭坚两方面来加以探讨。

黄庭坚自幼聪敏好学，并且得到诸多名师指点，对自身资质与学识具有高度自信，少年丧父、依靠舅舅生活的经历，又使他难免有寄人篱下的孤寂与自卑，从而养成目下无尘、清高兀傲的性格。因此，他选择师长与朋友的标准高、要求严，一般人都不放在眼里。

苏轼的出现从一开始就引起了他的注意，但熙宁五年（1072）前，苏轼的名气主要来自嘉祐二年（1057）的礼部试、嘉祐六年（1061）的制科试，以及欧阳修与仁宗皇帝的赞扬，最多只能算是一个考试优等生，以黄庭坚的孤高自许、不随众流，显然不会轻易拜师门下。到元丰元年（1078），情形则已大不相同。苏轼先后担任过杭州、密州、徐州三任地方官，充分施展了政务才干，扩大了视野、丰富了阅历，人生思考逐步深化，思想也日益成熟，迎来了诗、词、文创作的全面丰收，以实力证明了自己不是一闪而过的流星，而是值得万世景仰的恒星，从而令黄庭坚心悦诚服。

由此可见，黄庭坚拜苏轼为师，并不是简单盲目的偶像崇拜，而是在清醒认识自我、准确理解苏轼的前提下，寻求志同道合的精神归宿。

● 欢聚汴京的美好时光

元丰二年（1079），苏轼因写诗讽刺新法遭遇"乌台诗案"，随后被贬谪黄州五年之久。黄庭坚也被牵连，不仅受到罚铜二十斤的处分，而且长期辗转于偏僻乡镇，担任底层官吏，直到元丰八年（1085）旧党执政，这种情况才有所转变。

元丰八年（1085）四月，黄庭坚奉调进京。几个月后，苏轼也回到汴京任职。这对神交已久的良师益友终于见面了！随后不久，晁补之、张耒、秦观等也先后汇聚京城。

从此，无数美好的故事，无数动人的场景，在他们一次次诗、文、书、画相酬赠的聚会中发生、记录，并广为流传，令当时以及后世的人们心驰神往！中国绘画史上，一个经久不衰的创作主题"雅集图"，由此产生。各种版本的《西园雅集图》，更是以苏轼、"苏门四学士"，以及他们的朋友们为描写对象。

◎《西园雅集图》（局部）

〔北宋〕李公麟

有时，他们结伴出游，在郊外的青原、城中的古刹度过一个个愉快的假日；更多的时候则在彼此的家中喝酒、谈笑、吟诗、作画。他们常常一边喝着酒，一边就开始写诗，他们的画家朋友，如李公麟、王诜等，则忙着画画：山水、松石和骏马。谁的诗作先完成，谁就能得到画家们即兴挥毫的作品。照例，每幅画上都会由几位书法大家轮流题字，或者是一首诗，或者是几句精警的跋语。一天，有位朋友朗诵了杜甫的四句诗：

松根胡僧憩寂寞，庞眉皓首无住著。偏袒右肩露双脚，叶里松子僧前落。

（杜甫《戏为韦偃双松图歌》）

李公麟和苏轼根据诗意，联手画了一幅《憩寂图》。苏轼画他最拿手的山石，李公麟画苍松与松下的僧人，其余的人则在一旁围观。画成之后，苏辙题诗《子瞻与李公麟宣德共画翠石古木，老僧谓之〈憩寂图〉，题其后》：

东坡自作苍苍石，留取长松待伯时（李公麟）。只有两人嫌未足，兼收前世杜陵诗。

苏轼立即唱和道：

东坡虽是湖州派，竹石风流各一时。前世画师今姓李，

158

不妨还作辋川诗。

（苏轼《次韵子由题〈憩寂图〉后》）

苏轼的表兄文同（字与可）曾任湖州知州，世称"文湖州"。文同善于画竹，注重生活体验，主张胸有成竹而后动笔，他画竹叶，首创以"浓墨为面、淡墨为背"的画法，在他的影响下，形成了中国绘画史上著名的"文湖州竹派"。苏轼曾跟文同学习绘画，因此自称"湖州派"。唐代诗人兼画家王维，在终南山辋川山谷营建了一座风景优美的园林，称为"辋川别业"，并作有《辋川图》和二十首辋川诗，如《鹿柴》《竹里馆》《辛夷坞》等，都是脍炙人口的作品。苏轼曾称赞王维"诗中有画，画中有诗"，这首诗的后面两句，则将李公麟比作王维，称许他画笔之中蕴含着无穷诗意。

苏轼题诗完毕，掷笔回头，看到黄庭坚站在身后，笑着说："今天这个作品，不可不令鲁直来做个收尾。"

于是，黄庭坚在画后题写了一段跋语，他说："伯时笔下一丘一壑，不输古人；子瞻是伯时真正的知己。"

在频繁的交往中，他们对彼此的理解愈加深刻，情谊也愈加深厚。按照当时"举官自代"的制度，中高级官员获得任命之后，应该向朝廷推荐一人自代，推荐书交宰相办公室保存，以便广揽人才。元祐二年（1087）十一月，苏轼升任翰林学士，便立即写下《举黄庭坚自代状》，高度评价黄庭坚"孝友之行，追配古人；瑰玮之文，妙绝当世"。

师友切磋，坦诚相待

苏轼是个才气焕发的天才型人物，他的诗歌不以字词句的精心锤炼为工，随物赋形，信笔挥洒，自然沁人心脾。黄庭坚写诗，则讲求学力，注重章法，求奇避俗，大有"语不惊人死不休"的精神。作为老师，苏轼豁达宽容，不仅没有将自己的审美好尚强加于人，而且善于并乐于欣赏不同的诗歌之美。在他的鼓励下，苏门师友之间形成了自由议论、自由批评的风气。门人弟子在苏轼面前直抒己见，无所顾忌；苏轼自己也常常在轻松戏谑中对门人进行辩难和批评。

黄庭坚的诗歌高雅不俗，品格上乘，但风格单一。苏轼批评道："鲁直的诗文，就像梭子蟹、干贝一类海鲜，格韵高绝，极为鲜美，但不可多吃，吃多了会生病。"

苏轼的诗歌想象丰富，奇趣横生，但豪放不拘，黄庭坚认为他"未知句法"（句法：指诗句独特的结构方式），坦言苏轼"文章妙一世，而诗句不逮古人"。

◎《跋东坡书黄州寒食诗帖》 〔北宋〕黄庭坚

苏轼与黄庭坚同为著名书法家，但风格各不相同。一天，两人一起切磋技艺，苏轼评论道："鲁直近日所作字书，虽清新劲拔，但笔画过于瘦弱，就像树上挂着的蛇。"

黄庭坚心中叹服，但不免反唇相讥："先生的字我固然不敢妄加评论，但有些地方写得太局促，太扁平，很像石头下压着的蛤蟆。"

两人相对大笑，都认为对方恰切地指出了自己的毛病。

黄庭坚虽然常与苏轼相互戏谑、揭短，但仍恪守作为弟子的礼节。那时，黄庭坚在诗坛的影响力越来越大，吸引了无数的追随者，人们甚至已经将两人并称为"苏黄"。有一次，苏轼学着黄庭坚的风格作诗，并自注"效山谷体"。黄庭坚见到后，十分惶恐，连忙次韵一首，表示愧不敢当，他说：

我诗如曹邻，浅陋不成邦。公如大国楚，吞五湖三江。

以战国时期雄霸一方的楚国比拟苏轼的诗作，而以弱小的曹国、邻国自比，表明自己对苏轼诗歌水平的倾倒。他担

◉《黄州寒食帖》 ◉〔北宋〕苏轼

心后人误认为苏轼向他学习，又在题目中写道：

> 子瞻诗句妙一世，乃云效庭坚体，盖退之（韩愈）戏效孟郊、樊宗师之比，以文滑稽耳。恐后生不解，故次韵道之。

中唐诗人孟郊、樊宗师，都是韩愈的追随者。韩愈曾作《答孟郊》《酬樊宗师》等诗，分别模仿孟郊与樊宗师的风格。黄庭坚认为苏轼"效山谷体"，就像韩愈效孟郊、樊宗师一样，只是一时的游戏笔墨。

● 晚年天各一方

可惜，他们之间这种洋溢着自由、平等气息的高质量、高水平的文学交游活动，并没有持续太长时间。元祐四年（1089），苏轼离京外任。元祐六年（1091），黄庭坚母亲去世，他护丧归乡，居乡守制。两人再相见时，已是绍圣元年（1094）七月。

那时，政局已经发生了根本性变化，新党再次执政。苏轼以"讥刺先朝"的罪名遭到贬谪，彼时正在前往贬所的途中。而黄庭坚则因元祐年间参编《神宗实录》，被新党认为有诬罔之嫌，勒令进京接受审查。七月初，苏轼南下，黄庭坚北上，两人乘坐的客船在彭蠡湖（今江西省鄱阳湖）意外相遇。患难之中，两位文坛巨匠，亦师亦友的平生知己，悲喜交集。相会三日，洒泪而别。从此再无相见之日！

随后几年，苏轼谪居惠州、儋州，黄庭坚谪居黔州（今重庆市彭水县）、戎州（今四川省宜宾市），远隔万水千山。但是，政治的重压、时空的阻隔，隔不断他们精神的交流与心灵的沟通。在难得的书信往来中，他们彼此关心，相互鼓励。但更多的时候，只能在隔绝环境里独自追忆。

建中靖国元年（1101）七月二十八日，苏轼病逝。得知这一噩耗时，黄庭坚在荆州，大病初愈，极度衰弱。当地士人举行仪式哀悼苏轼，黄庭坚强撑病体，挣扎着前往参加。他将苏轼遗像悬挂在住所的正厅，每天早起整肃衣冠，上香拱拜。有人问他：“您与苏翰林并称‘苏黄’，名声不相上下，何必如此恭敬？”

黄庭坚立即反驳道：“庭坚本是东坡先生的门弟子，怎敢不谨守师生的伦常秩序？”

那一年，黄庭坚五十七岁。

苏轼与黄庭坚，以及以“苏门四学士”为代表的门人弟子的交往，不以地位、官爵、利禄为基础，而以共同的生活理想和文化志趣为前提，真诚牢固，历久弥坚。

相关作品精读

● 题竹石牧牛（并引）

黄庭坚

子瞻画丛竹怪石，伯时增前坡牧儿骑牛，甚有意态。戏咏。

野次小峥嵘[1]，幽篁[2]相倚绿。阿童三尺箠[3]，御此老觳觫[4]。石吾甚爱之，勿遣牛砺角。牛砺角尚可，牛斗残我竹[5]。

【注释】

〔1〕野次：野地里。峥嵘：高峻的山峰。〔2〕幽篁（huáng）：幽静的竹丛。〔3〕阿童：画中的牧童。箠（chuí）：鞭子。〔4〕御：驾驭。觳觫（hú sù）：本义是指牛因恐惧而发抖的样子，这里指牛。〔5〕"石吾甚爱之"四句：采用古代民谣常用的句式，通过嘱咐画中牧童好好看管老牛，写出自己对画中竹石的喜爱之情。砺（lì）：磨。

跋子瞻和陶诗

黄庭坚

子瞻谪岭南，时宰^[1]欲杀之。饱吃惠州饭，细和渊明诗^[2]。彭泽千载人，东坡百世士。出处虽不同，风味乃相似^[3]。

【题解】

这首诗作于崇宁元年（1102），当时苏轼已经去世将近一年。跋：写在正文后面的文字。

【注释】

〔1〕时宰：当朝宰相。〔2〕"饱吃惠州饭"二句：用吃饭、写诗两件事情，写出苏轼身处逆境却心胸豁达的可贵品格。〔3〕"彭泽千载人"四句：陶渊明担任彭泽令仅一百多天，就辞官归隐，而苏轼则历经宦海浮沉。他们的人生经历截然不同，但同样不在意贫富贵贱，率性自然。彭泽：县名，在今江西省北部。陶渊明曾任彭泽县令，后世称为"陶彭泽"。出处：出仕和退隐。

● 梦中和觞字韵（序）

黄庭坚

崇宁二年正月己丑，梦东坡先生于寒溪、西山之间[1]。予诵寄元明觞字韵诗[2]数篇，东坡笑曰："公诗更进于曩[3]时。"因和予一篇，语意清奇，予击节赏叹。东坡亦自喜，于九曲岭道中连诵数过[4]，遂得之。

【注释】

〔1〕崇宁二年：即1103年，黄庭坚在鄂州，当时苏轼已经去世。寒溪、西山：在鄂州（今湖北省鄂州市），与黄州一江之隔，苏轼谪居黄州时，经常前往此两地游玩。〔2〕寄元明觞字韵诗：指黄庭坚所作《新喻道中寄元明用觞字韵》《罢姑孰寄元明用觞字韵》。觞（shāng）：酒杯。〔3〕曩（nǎng）时：往时，以前。〔4〕数过：数遍，几遍。

● 答李昭玘书（节选）

苏 轼

每念处世穷困，所向辄值墙谷，无一遂者[1]。独于文人胜士，多获所欲。如黄庭坚鲁直、晁补之无咎、秦观太虚、张耒文潜之流，皆世未之知，而轼独先知之。今足下又不见鄙[2]，欲相从游。岂造物者专欲以此乐见厚也耶[3]？

【注释】

〔1〕所向辄值墙谷：无论朝哪个方向走，都遭遇阻碍和陷阱。遂：顺心，称意。〔2〕不见鄙：不嫌弃。〔3〕造物者：这里指人所不能了解的主宰万物的神秘力量。此乐：结交文人胜士之乐。见厚：厚待我。

答毛泽民七首·其一（节选）

苏　轼

世间唯名实[1]不可欺。文章如金玉，各有定价，先后进相汲引[2]，因其言以信于世，则有之矣。至其品目高下，盖付之众口，决非一夫所能抑扬。轼于黄鲁直、张文潜辈数子，特[3]先识之耳。始诵其文，盖疑信者相半，久乃自定，翕然[4]称之，轼岂能为之轻重哉！非独轼如此，虽向之前辈，亦不过如此也，而况外物之进退[5]。此在造物者，非轼事。

【注释】

〔1〕名实：名称与实际。〔2〕先后进相汲引：前辈提携后进。汲引：引荐，提拔。〔3〕特：只是。〔4〕翕（xī）然：一致。〔5〕外物：指功名利禄等。进退：褒贬，升降。

第10讲 泛爱天下士：苏轼与其他朋友

「努力莫怨天，我尔皆天民。行看花柳动，共享无边春。」他开导好友，也劝勉自己。在风雨如晦的时节，不要哀伤，不要抱怨，怀抱希望，努力生活，那美好的春天一定会到来！

苏轼一生交游遍天下，既有欧阳修、王安石、司马光等在当时及后世都赫赫有名的人物，也有很多默默无闻的普通人；既有黄庭坚、秦观等文人雅士，也有许多道士、僧人、医生等三教九流。这一讲，我们就来说说苏轼与其中三位朋友的故事。

● 奇人巢谷

　　巢谷，字元修，眉州眉山人，父亲是个贫穷的乡村教师。他从小跟随父亲读书，学问虽然算不上精深，但也称得上博览群书。年长后，进京参加进士考试，彼时朝廷正在招考武举人，立即引起他的关注。巢谷身强体壮，孔武有力，当下决定弃文从武，学习骑马射箭。学成之后，又去参加武举，却没有考中。他听说西北边境地区多英雄豪杰，骑、射、击、刺等武艺天下第一，于是单枪匹马，前往漫游，结识了许多勇武超群之士。其中有个叫韩存宝的，与巢谷最为相投，二人结为金石之交。神宗熙宁年间，在宋朝与吐蕃的战争中，存宝屡立战功，号为"熙河名将"，巢谷则是他的军中参谋。元丰四年（1081），存宝用兵失利，自知死罪难逃，被捕入狱前，将后事托付给巢谷。巢谷郑重承诺，徒步千里，将存宝积攒的数百两银钱，完好无损地转交给他的妻儿。随后隐姓埋名，逃亡江湖。

元丰六年（1083）正月，穷困潦倒的巢谷前往黄州投奔苏轼。作为被贬谪的罪官，苏轼当时的经济状况也十分窘迫，但他热情地收留了这位落魄的朋友，让他在自己家里住下来。他们一起耕地建屋，一起饮酒聊天。两个同处逆境的"天涯沦落人"，相互鼓励，共渡难关。在《大寒步至东坡赠巢三》一诗中，苏轼写道：

> 努力莫怨天，我尔皆天民。行看花柳动，共享无边春。

他开导好友，也劝勉自己。在风雨如晦的时节，不要哀伤，不要抱怨，怀抱希望，努力生活，那美好的春天一定会到来！

巢谷很会做菜，经常亲自下厨，煮猪头灌血、姜豉菜羹等眉山菜，都是苏轼的家乡味道。眉山特有的巢菜，是苏轼的最爱，也是巢谷的最爱，两人每次谈起那些家乡美味，总是少不了提起巢菜。一天，巢谷开玩笑道："假如孔君平见到巢菜，一定会跟我说：'这是你家的菜。'"

孔君平是晋朝人。据《世说新语》记载，他曾去拜访一个姓杨的朋友，刚好朋友不在家，九岁的儿子代替父亲接待客人。听说杨家小儿聪慧异常，孔君平决定试他一下。于是指着茶盘中的杨梅说："此乃君家果（这是你家的果子）。"杨家小儿应声答道："未闻孔雀是夫子家禽（没听说过孔雀是您家的家禽）。"令孔君平惊叹不已。

听了巢谷的话，苏轼哈哈大笑，当即便将巢菜命名为

"元修菜"，并作了一首题为《元修菜》的诗。这天，两人越聊越忍不住对巢菜的渴望，终于决定让巢谷回眉山，带一包巢菜种子来黄州，种上一大片，此后便可以尽情品尝巢菜的丰美滋味。

巢谷先后在黄州住了将近一年。元丰八年（1085），旧党执政，苏轼重新获得起用，富贵显达，风光无限。巢谷则回到眉山，安然自在地过着普通百姓的生活。

绍圣元年（1094），朝廷政局再次翻覆，苏轼又一次遭到贬谪。得知这一不幸的消息，巢谷竟以七十多岁的高龄、瘦瘠多病的身体，毅然从眉山步行万里，奔赴岭南。

巢谷在循州（今广东省龙川县）见到苏辙后，又继续往海南进发。谁知路过新会时，行李被当地盗贼偷走。后来，听说这名盗贼在新州（今广东省新兴县）被抓获，巢谷急忙赶到新州，想追回自己仅有的一点盘缠。谁知旅途劳顿，终于一病不起，客死他乡。

噩耗传来，苏轼、苏辙悲痛不已。苏轼专门写信，请眉山的亲友资助巢谷的儿子扶丧归乡，并请新州的地方长官提供方便。苏辙作《巢谷传》，纪念这位轻财仗义、富有侠义精神的老友。

● 武官出身的刘景文

宋代重文轻武，文官普遍瞧不起武官。在整个官僚体系中，武官也很难得到升迁。

宋哲宗元祐年间，苏轼在杭州任知州，有位下属名叫刘季孙，字景文，开封人，是宋夏战争中为国捐躯的名将刘平之子，因父亲的军功，以武职官步入仕途。刘景文自幼好学，才华出众，二十多岁就得到王安石的赏识。那时，他担任饶州（今江西省鄱阳县）监酒，是一名最底层的税务官。一天，王安石巡视饶州酒务，在酒务大厅屏风上读到他的一首小诗《题屏》：

> 呢喃燕子语梁间，底事来惊梦里闲。说与旁人浑不解，杖藜携酒看芝山。

语言清新，风格隽逸，王安石大为赞赏，破格起用他为州学代理教授。这在崇文抑武、看重资历的宋代，简直就是石破天惊的特大新闻，刘景文由此一举成名。

然而，才华与名声并没有给他带来仕途的显达。三十多年过去了，年近六十的刘景文，还只是一个从七品的兵马都监（相当于今天的军区首长参谋）。

名满天下且地位尊贵的苏轼与沉沦下僚的刘景文一见如故，许为国士。

在工作中，刘景文是苏轼的得力助手。元祐五年（1090），浙西灾情严重，刘景文不辞劳苦，走遍各乡各县，进行调研，为苏轼的行政决策提供可靠的依据。公余之暇，他们则经常一起游山水、赏花草、观书画、听音乐，吟诗作赋，度过了许多美好时光。

对于刘景文的诗歌，苏轼总是赞不绝口，他称刘景文为"诗将"，形容他的诗歌是"妙语嚼芳鲜"，还说"君诗如清风""山西老将诗无敌";每遇良辰美景,苏轼便"载酒邀诗将",与刘景文携手同游,以便"借君佳句发良时"。

对于刘景文的坎坷遭遇,苏轼深感不平,专门上奏朝廷,郑重推荐。在奏章中,苏轼说:"刘景文笃志好学,博通史传,工诗能文,轻利重义,而且家学渊源,通晓兵书,熟悉边境事务。我相信,刘景文会和他的父亲——烈士刘平一样,在国家需要的时候,奋不顾身,临难守节。恳请朝廷开恩,予以优先提拔。"

苏轼还写下《赠刘景文》一诗,赞美刘景文高尚的品格和节操:

荷尽已无擎雨盖,菊残犹有傲霜枝。一年好景君须记,最是橙黄橘绿时。

初冬时节,水中荷花凋零,荷叶枯萎,岸边秋菊也只剩下枯瘦的枝干在寒霜中傲然挺立。冬天真的就只有这样肃杀凄凉的景色吗? 不,请你纵目远望,那成片成片美丽的黄橙与绿橘,难道不是最美的风景吗? 整首诗从字面上来看,句句都在写景,但是,当我们了解了刘景文其人其事之后,便发现其实句句都在写人。年近六十的刘景文,容颜衰老,须发皆白,虽身处底层,但昂扬的生命意志、高贵的精神品格与卓越的才华,使他整个人焕发出动人的光彩。

值得高兴的是,朝廷采纳了苏轼的建议,元祐六年(1091),刘景文终于由武官转为文官,并被任命为隰州(今山西省隰县)知州。当时苏轼任颍州(今安徽省阜阳市)知州，刘景文赴任途中，绕道八百里前往探望。人们常说："无事不登三宝殿。"而刘景文不为任何实际事务，不带任何功利目的，跋山涉水，只为和老朋友欢聚畅谈，这份情谊令苏轼又惊喜，又感动。他说：

> 今人不作古人事，今世有此古丈夫。我闻其来喜欲舞，病自能起不用扶。

（苏轼《喜刘景文至》）

这是他们最后一次见面。几个月后，刘景文不幸病逝。得知这一消息，苏轼十分悲痛，再次上书，请求朝廷给予刘景文家属必要的经济补足，帮助他们办理丧事，渡过难关。

● 禅师佛印

宋朝是佛教禅宗的兴盛时期，文人学士都喜欢和禅僧交往。苏轼从小生长在佛教氛围十分浓厚的家庭，耳濡目染，深受影响。他喜欢阅读佛经，游览寺庙，结交了许多僧人朋友，佛印就是其中之一。

佛印，法名了元，字觉老，比苏轼年长五岁。他博览群书，过目不忘，才思俊迈，风韵飘然，是当时名动朝野的高僧，神宗皇帝赠号"佛印禅师"。

元丰五年（1082），苏轼谪居黄州。正在庐山归宗寺任住持的佛印，派使者前往问候，两人从此结交。苏轼托使者给佛印带去了一份极有黄州地方特色的礼物：用古铜盆装着的数百枚美石。黄州紧邻长江，江中有许多红色、黄色和白色的石头，像玉一样晶莹光洁，清明可爱，上面的纹路就像人的指纹，自然美妙，非人工画匠所能企及。黄州的小孩子在江中游泳时，常常捡到这种美石，苏轼看到之后，就拿糖果、饼干等零食跟他们交换。久而久之，总共收集了二百九十八枚。大的有一寸左右，小的则像红枣、栗子或芡实。其中一枚石头神似老虎或豹子的头，上面还有口、鼻、眼，苏轼便将它称为"群石之长"。他将这些石头装在一个古铜盆里，注满清水，顿时满盆粲然，十分养眼。这次，他将自己最喜欢的清玩送给佛印，还专门写了一篇《怪石供》，表达心意。

元丰七年（1084），苏轼接到朝廷诏令，从黄州量移到汝州。但是，考虑到种种现实困难，他希望朝廷允许他去常州居住，十年前他在那里买过一些田地，一家人可赖以为生。

元丰八年（1085）三月，朝廷批准了他的请求。五月，苏轼抵达扬州的瓜洲渡口。此时，佛印早已离开庐山归宗寺，在润州（今江苏省镇江市）金山寺担任住持。润州与扬州仅一水之隔，苏轼决定上山拜访佛印，提前写信说："不必出山，当学赵州上等接人。"

赵州禅师是唐代高僧。一天，他在室内刚刚坐禅完毕，侍者告知："大王前来礼拜。"

赵州禅师便坐在禅床上接受大王礼拜。大王的左右侍从很不高兴，喝道："封疆列土的王侯来了，为什么不起来迎接？"

赵州禅师不慌不忙地回答："你不懂。老僧这里，下等人来，出三门外迎接；中等人来，下禅床迎接；上等人来，在禅床上迎接。总不能将大王叫作中等人、下等人吧，那样恐怕委屈了大王。"

苏轼给佛印的信中运用这个典故，意思是让佛印不用拘泥俗套而亲自下山迎接，在禅堂中等待即可。收到苏轼的来信，佛印太高兴了！他想，赵州禅师是接权贵，而自己是接朋友，当然不一样啊。于是立即下山，来到瓜洲渡口迎接。苏轼笑着问道："禅师为何出门接人？"

佛印早已胸有成竹，脱口吟诵了一首偈子（蕴含佛法的诗）：

赵州当日少谦光，不出三门见赵王。争似金山无量相，大千都是一禅床。

意思是说，赵州禅师不出三门见赵王是因为他不够谦虚，并不是境界高深。而在我金山寺住持看来，大千世界没有限量，没有止境，都是可以参禅悟道的禅床。我下山来迎接你，就和我在禅床上迎接你一样。强分三等，恰恰是过于执着外部现象才会偏离了世界的本质，不符合禅宗的意趣。这首偈子，既巧妙地回答了苏轼的问难，又精练地表达了禅宗的思想核心，体现出佛印高超的宗教修为，令苏轼赞不绝口。

润州与常州相距很近，接下来的日子，苏轼也经常来金山寺与佛印谈禅论道。佛印知道苏轼爱吃猪肉，每当苏轼来访，必定烧上一锅猪肉款待。没想到有一次到了饭点，佛印发现香喷喷的猪肉竟不翼而飞，不知被哪个馋嘴的和尚偷吃了，苏轼因而戏作一绝：

東坡在儋耳自喜無人識往來野
人家談笑便終日一日忽遇兩戴笠屐著
屐遠延遇到家妻兒笑滿室歡載古之
人光霽滿習臆圖形寄暝仰萬世
難可及　吳郡唐寅畫并題為
秋遠親家先生

远公沽酒饮陶潜，佛印烧猪待子瞻。采得百花成蜜后，不知辛苦为谁甜。

（苏轼《戏答佛印》）

寺庙本是戒酒戒荤的地方，东晋高僧慧远却破例买酒招待陶渊明，如今佛印也打破戒律，用猪肉招待苏轼，虽然没吃上，但这份美好的情谊被传为佳话。

相关作品精读

● 元修菜（并叙）

苏　轼

菜之美者，有吾乡之巢。故人巢元修嗜之，余亦嗜之。元修云：使孔北海[1]见，当复云吾家菜耶？因谓之元修菜。余去乡十有五年，思而不可得。元修适自蜀来，见余于黄。乃作是诗，使归致其子，而种之东坡之下云。

彼美君家菜，铺田绿茸茸。豆荚圆且小，槐芽细而丰[2]。种之秋雨余，擢秀繁霜中[3]。欲花而未萼，一一如青虫[4]。是时青裙女，采撷[5]何匆匆。泛之复湘之，香色蔚其馥。点酒下盐豉，缕橙芼姜葱[6]。那知鸡与豚，但恐放箸空。春尽苗叶老，耕翻烟雨丛。润随甘泽化，暖作青泥融。始终不我负，力与粪壤同。我老忘家舍，楚音变儿童[7]。此物独妩媚，终年系余胸。君归致其子，囊盛勿函封。张骞移苜蓿，适用如葵菘[8]。马援载薏苡，罗生等蒿蓬[9]。悬知东坡下，塍卤化千钟[10]。长使齐安民，指此说两翁[11]。

【注释】

〔1〕孔北海：即孔融，字文举，曾任北海相，他是东汉人。

《世说新语》中与杨氏子对答的是晋朝人孔坦，字君平。此处称"孔北海"可能是苏轼的笔误，也可能是巢谷误记。〔2〕"豆荚圆且小"二句：巢菜的叶子像豆苗一样圆而小，像槐树的嫩叶一样细而丰。〔3〕"种之秋雨余"二句：说的是巢菜的生长季节。擢秀（zhuó xiù）：生长茂盛。〔4〕"欲花而未萼"二句：巢菜的花苞像小青虫。萼（è）：包在花瓣外面的一圈绿色叶状薄片，花开时托着花瓣。〔5〕撷（xié）：摘。〔6〕"烝之复湘之"四句：说的是巢菜的吃法，可以蒸，可以煮，可以配上各种调味品。烝：蒸。湘：煮。饛（méng）：食物盛满器皿的样子。盐豉（yán chǐ）：豆豉。芼（mào）：羹汤中的菜，这里作动词使用，意思是搭配、加入。〔7〕楚音变儿童：指在黄州时间长了，孩子们都说的一口黄州方言。〔8〕"张骞移苜蓿"二句：西汉张骞出使西域，引进了汗血马、葡萄、苜蓿、石榴、胡麻等物种到中原，促进了东西方文明的交流。苜蓿（mù xu）：一种草本植物。〔9〕"马援载薏苡"二句：东汉名将马援南征交趾后，班师回朝，带回满满一车薏苡作为种子。薏苡（yì yǐ）：一种草本植物。〔10〕"堵卤化千钟"：贫瘠的土地变成物产丰饶的肥沃土壤。堵卤（jí lǔ）：贫疾且含盐碱的土地。〔11〕齐安：黄州古称。两翁：苏轼和巢谷。

● 喜刘景文至

苏　轼

天明小儿更传呼，髯刘已到城南隅。尺书真是髯手迹，起坐熨眼知有无。今人不作古人事，今世有此古丈夫[1]。我闻其来喜欲舞，病自能起不用扶。江淮旱久尘土恶，朝来清雨濯鬓须。相看握手了无事，千里一笑毋乃迂[2]。平生所乐在吴会，老死欲葬杭与苏。过江西来二百日，冷落山水愁吴姝[3]。新堤旧井各无恙[4]，参寥六一[5]岂念吾？别后新诗巧摹写，袖中知有钱塘湖[6]。

【注释】

〔1〕"今人不作古人事"二句：和古人相比，现在的人大多比较功利，而刘景文则是一位像古人一样重情重义的人。
〔2〕"相看握手了无事"二句：刘景文这次不远千里前来相见，没有任何具体事务，只是为了和老朋友欢聚几天，在旁人看来实在是非常迂腐。〔3〕"过江西来二百日"二句：运用对面落笔的手法，抒写自己对杭州山水与城市文化的深深怀念。元祐六年（1091）五月，苏轼杭州任满，回京任翰林学士，八月出知颍州，十一月刘景文来访。从五月到十一月，苏轼离开杭州六个多月，将近两百天。汴京和颍州都在长江以北，杭州以西，所以说"过江西来二百日"。吴姝：指杭州的乐工歌女。〔4〕新堤：指苏轼在杭州时建的苏堤。旧井：即唐朝名相李泌在杭州任刺史时建造的杭州六井，是杭州百姓重要的饮用水资源。天长日久，六井淤塞废置。苏轼担任杭州通判和杭州知州时，两次组织修复六井，解决百姓饮水难的问题。〔5〕参寥六一：苏轼在杭州发现两处泉水，分别用好友道潜与恩师欧阳修的号命名，称为"参寥泉""六一泉"。〔6〕"别后新诗巧摹写"二句：在我离开杭州后，您一定又写了很多诗歌，您藏在袖中的诗稿一定有对杭州湖光山

色的动人描写。

● 怪石供

苏 轼

《禹贡》[1]:"青州有铅松怪石。"解者曰:怪石,石似玉者。今齐安江上往往得美石,与玉无辨,多红、黄、白色,其文如人指上螺,清明可爱,虽巧者以意绘画,有不能及。岂古所谓怪石者耶?凡物之丑好,生于相形[2],吾未知其果安在也?使世间石皆若此,则今之凡石复为怪矣。海外有形语[3]之国,口不能言而相喻以形。其以形语也,捷于口,使吾为之,不已难乎?故夫天机[4]之动,忽焉而成,而人真以为巧也。虽然,自禹以来怪之矣。齐安小儿浴于江,时有得之者,戏以饼饵易之。既久,得二百九十有八枚。大者兼寸,小者如枣、栗、菱、芡,其一如虎豹,首有口、鼻、眼处,以为群石之长。又得古铜盆一枚,以盛石,挹[5]水注之,粲然。而庐山归宗佛印禅师,适有使至,遂以为供[6]。禅师尝以道眼观一切,世间混沦空洞,了无一物,虽夜光尺璧与瓦砾等[7],而况此石?虽然,愿受此供,灌以墨池水,强为一笑。使自今以往,山僧野人,欲供禅师,而力不能辨衣服饮食卧具者,皆得以净水注石为供,盖自苏子瞻始。时元丰五年五月,黄州东坡雪堂书。

【注释】

〔1〕《禹贡》：我国最早的地理著作。〔2〕"凡物之丑好"二句：事物的美丑，往往由外形决定。丑好：即丑与美。相（xiàng）：物体的外观。〔3〕形语：用表情手势代替言语。〔4〕天机：天赋，灵性。〔5〕挹（yì）：舀。〔6〕供：供品，宗教及信仰的供奉物品。〔7〕"禅师尝以道眼观一切"三句：禅师以得道者的眼光看待世间万物，万物轮转虚无，就连夜明珠或珍贵的碧玉，也与破砖烂瓦没有什么区别。混沦：混沌，浑然不分。尺璧：直径一尺的璧玉，借以言其珍贵。

下编

苏轼的日常生活

第11讲 爱好美食的苏轼：自笑平生为口忙

美食之于苏轼的意义，并不只是满足口腹之欲。作为政治家、文人与学者，一饮一食，都会激发他对社会的关切，对人生的思考，对艺术的感悟。尤其重要的是，在他大起大落的坎坷人生中，对美食的热爱也常常成为他战胜苦难的一种精神力量。

苏轼爱好美食，曾幽默地戏称，自己身体里藏着一只既贪吃又能吃的古代神兽"饕餮（tāo tiè）"。

作为美食家的苏轼，在吃方面可谓得天独厚。首先，他的故乡四川，素称"天府之国"，饮食文化十分发达，使他从小养成了精致讲究的饮食习惯；其次，他曾经官至翰林学士、翰林侍读学士，是皇帝的顾问、老师和高级秘书，大富大贵的社会身份与地位，使他有条件享受最奢侈、最丰美的饮食；最后，他先后担任密州、徐州、湖州、登州、杭州、颍州、扬州、定州（今河北省真定县）等地的知州，使他有机会吃遍大江南北不同风味的美食。

因此，具有丰富美食经验的苏轼，不仅精于品鉴，敢于尝试，而且乐于亲自下厨，发挥创意，制作佳肴。他给我们留下了大量饮食题材的诗、词、文作品，也留下了许多有趣的故事。

● **河豚的致命诱惑**

河豚是长江、淮河流域的一种鱼类，腹部鼓胀，长满斑点，外形丑陋。但是河豚肉却十分鲜美，尤其是河豚肚子上的肥肉，更是鲜美无比，人们称之为"西施乳"。苏轼酷爱吃河豚，甚至在欣赏绘画作品的时候，都会情不自禁地联想到这道美味的食物：

竹外桃花三两枝，春江水暖鸭先知。蒌蒿满地芦芽短，正是河豚欲上时。

（苏轼《惠崇春江晚景二首·其一》）

这是一首题画诗，诗歌前三句描写冬去春来的景象。竹林外桃花初开，春江水暖，鸭群在水面上嬉戏，岸边蒌蒿、芦芽蓬勃生长，这些都是惠崇原画中的景物。而第四句描写河豚由海入河、逆流而上的场景，是苏轼由画面景物引发的想象。因为，初春正是吃河豚的季节，这时的河豚又大又肥，初生的蒌蒿、芦芽则是人们烹煮河豚的常用配菜。苏轼抓住季节转换时的景物特征，由画里到画外，以最具个性的想象，表达了自己对春天到来的喜悦之情。

不过，河豚肉质虽美，却有剧毒。如果食用烹调不当的河豚，会使人中毒身亡。因此，苏轼的好友李常说："河豚非忠臣孝子所宜食。"意思是说，作为忠臣孝子，对国家和家庭负有责任和义务，不能为了贪图美味而冒险轻生。但苏轼不怕。

苏轼在常州时，当地有户人家最擅长烹制河豚，专门邀请苏轼去他家品尝。宴会开始后，家里的男人都在客堂陪吃，女人、孩子则躲在屏风后偷看，急切地等待苏轼的品评。谁知苏轼拿起筷子，大口吃着，始终不发一语，好像哑巴了。全家老少你看看我，我看看你，都非常失望。直到一大盆河豚吃光了，苏轼才把筷子一放，心满意足地说："也值一死！"

此语一出，全家顿时欢欣鼓舞！

● 随遇而安

然而，美食之于苏轼的意义，却并不只是满足口腹之欲。作为政治家、文人与学者，一饮一食，都会激发他对社会的关切，对人生的思考，对艺术的感悟。尤其重要的是，在他大起大落的坎坷人生中，对美食的热爱也常常成为他战胜苦难的一种精神力量。

由于北宋中后期的新旧党争，苏轼一生三次遭贬，从黄州到惠州，再到儋州，一次比一次距离遥远、地方偏僻，物质条件一次比一次艰苦，他的年纪也一次比一次大。但是，无论跌落至怎样的人生低谷，陷入多么可怕的生活绝境，苏轼都会尽可能地在不如意中寻找快乐，在苦难中发现美好，而最简单、最易得的生命慰藉就是食物。在苏轼看来，只要不被饿死，生活就可以继续下去。

四十四岁遭遇"乌台诗案"，在被囚禁整整一百三十天，经历九死一生之后，苏轼被贬黄州。初到黄州时，他写道：

长江绕郭知鱼美，好竹连山觉笋香。

（苏轼《初到黄州》）

看着城外满山的竹林和绕城奔流的长江，他仿佛尝到了鱼汤的鲜美，嗅到了竹笋的清香，不禁感到几分欣慰：黄州并非人迹罕至的不毛之地，有什么住不得？

五十九岁，苏轼被贬惠州，经过将近两个月的艰难跋涉，千里迢迢奔赴贬所时，他畅想：

> 江云漠漠桂花湿，海雨翛翛荔子然（同"燃"）。闻道黄
> 柑常抵鹊，不容朱橘更论钱。
>
> （苏轼《舟行至清远县，见顾秀才，极谈惠州风物之美》）

温润的空气中弥漫着幽雅的桂香，新雨过后，满树荔枝
鲜艳夺目，如燃烧的火焰，黄柑、朱橘等惠州特产漫山遍野，
据说当地人常常顺手摘来抛掷给鸟雀，就像扔小石子一样
随便……

在盛产荔枝的季节，尽情地品尝这汁液香甜的岭南佳果，
他更是高兴地放声高歌：

> 罗浮山下四时春，卢橘杨梅次第新。日啖荔枝三百颗，
> 不辞长作岭南人。
>
> （苏轼《食荔枝二首·其二》）

古代中国人安土重迁，对于遥远的异乡总是怀着深深的
恐惧。尤其岭南地区当时极不发达，气候燠热，风俗习惯与
北方迥然不同，北方人南迁到此，往往水土不服，容易染病
身亡，因此长期以来被视为"鬼门关"。苏轼亲临其地之后，
却发现这里风光秀丽，物产丰饶，一样有它美好的一面。

六十三岁至六十五岁，苏轼谪居海南，食无肉，病无药，
居无室，出无友，冬无炭，夏无寒泉，洗澡无浴室，更无书
籍和笔墨纸张，但他仍乐观面对：

天下风流笋饼饺（dàn，馅饼），人间济楚蕈（xùn，菌类）馒头。

（苏轼《约吴远游与姜君弼吃蕈馒头》）

牛粪火中烧芋子，山人更吃懒残残。

（苏轼《除夕，访子野食烧芋，戏作》）

竹笋、蘑菇馅做的米饼、包子，用牛粪当燃料烧烤的山芋，这些海南底层百姓常见的食物，在苏轼眼中都是世间绝佳的美味。不执着和留恋曾经拥有的珍肴异馔，对普通的甚至粗劣的食物同样感到津津有味。就像他在《超然台记》中所说："凡物皆有可观。苟有可观，皆有可乐，非必怪奇伟丽者也。哺糟啜醨，皆可以醉，果蔬草木，皆可以饱。推此类也，吾安往而不乐？"这种不择精粗的饮食观，正是苏轼随缘自适、旷达超越的人格精神的体现。

● 东坡创意菜

乐观开朗、随遇而安的生活态度，使苏轼在饮食观念上毫无偏见，总是以孩童般好奇与开放的心灵，兴致勃勃地接纳各地不同的饮食习惯。无论是粗劣寒酸的，还是奇奇怪怪、闻所未闻的，他都能接受，遇着便吃，百无禁忌，这使他拥有无限丰沛的创造力，即便是在最艰难的境遇中，也能用极简陋的食材创制最美味的食物。

苏轼发明的创意菜，最有名的就数"东坡肉"。

195

研制这道美食时，苏轼正谪居在黄州。作为一名朝廷的罪官，他不再有丰厚的俸禄，只有十分微薄的一点生活补贴。他与夫人精打细算，百般节省，手中不多的积蓄仅仅支撑了一年左右。幸亏好友马正卿想方设法，四处奔走，从有关部门获得许可，批给苏轼一块废弃的营地，用于开垦耕种。由于这块土地在黄州城东门之外，苏轼将它取名为"东坡"，并自号"东坡居士"。

虽然经济窘困，但作为一位天才美食家，苏轼仍有办法使自己尝到美味。来到黄州不久，他便发现这里的猪肉十分便宜。因为宋朝流行吃羊肉，而黄州临近长江，当地人除了羊肉，最爱的就是鱼、虾、蟹等河鲜，所以猪肉很少有人问津。这一发现令苏轼十分兴奋，经过一番试验，他终于琢磨出一种既独特又简单的猪肉烹调法：将锅洗净，把切好的猪肉放进锅里，稍微放一点水和调料，然后用慢火熬煮，直到肥肉里的油脂熬出，肉皮熬得烂烂的，轻轻夹一块放到嘴里，落口消融，味道简直太美了！为此，他专门写了一篇《猪肉颂》介绍这种美味猪肉的做法：

净洗锅，少著水，柴头罨烟焰不起。待他自熟莫催他，火候足时他自美。黄州好猪肉，价贱如泥土。贵人不肯吃，贫人不解煮。早晨起来打两碗，饱得自家君莫管。

十年之后，他又把这种猪肉烹调法带到了杭州。当时，苏轼担任杭州知州，主持疏浚西湖，这是造福一方的大好事，因此深得民众的支持。浚湖工程于元祐五年（1090）四月二十八日动工，七天之后就是端午佳节，杭州百姓抬猪担酒，给苏轼贺节，表达他们由衷的感激和爱戴。盛情难却，苏轼收下了这份厚礼，命人将猪肉切成大大的方块，按照他在黄州时摸索出来的方法，加以精心烹制，送到工地，分发给浚湖的民工。从此，百姓们都学会了这种烧肉法，杭州也因此多了一道流传千古的名菜：东坡肉。

谪居惠州时，苏轼还发明了一道风味独特的菜：焦烤羊脊骨。宋代的惠州城区小，人口少，市井寥落。城里每天只杀一头羊，供应州府长官所需。苏轼也想吃羊肉，但身为罪官，不敢跟当政者争买，只能隔三差五买点剩下的羊脊骨，先用水煮熟，趁热捞出来滤干水分，用酒腌渍，再薄薄地撒一点盐，放在小火上烤得焦香扑鼻，然后用竹签将脊骨间沾着的少许羊肉一点点剔出来吃，那感觉就像吃螃蟹一样。苏轼认为，每隔三五天吃一次，对身体很有补益作用。他还将这个食谱分享给谪居筠州的弟弟苏辙，并且开玩笑道："这个吃法一旦普及，恐怕会令众狗不悦。"

● **邻家美食**

在谪居的艰苦岁月里，苏轼不仅自己想方设法制作价廉物美的佳肴，也经常兴致勃勃地参加邻里友朋的聚餐，分享不同的特产。

他的朋友大多是当地的普通百姓或底层官吏。例如，在黄州时，与苏轼交往密切的潘大临，是个屡试不第的书生，早已绝意功名，卖酒为生；郭遘则是一家药店的小老板；古耕道热心仗义，苏轼戏称他是唐代侠客古押牙的子孙；刘唐年是黄州主簿，负责管理官府粮仓，人们多称他为"刘监仓"……苏轼常常和他们一起携酒出游，度过了许多快乐的时光。

苏轼喜欢饮酒，但酒量不大，喝不了两杯就颓然坐睡，鼾声如雷，所以聚会时潘大临常常只给他喝味道偏甜的逡巡酒。第一次尝到这种酒味淡薄的甜酒，苏轼开玩笑道："是不是做醋时放错了水呀？"随口就给这种酒取了一个别名——"错著水"。

刘唐年家的油煎米饼，黄灿灿，香喷喷，可说是黄州一绝，苏轼特别喜欢。得知这又酥又脆的饼竟然没有名字，当场就给取名叫"为甚酥"。

有一次，苏轼和全家在郊外游玩，忽然想吃刘家的煎米饼，于是戏作小诗一首作为书简，叫仆人上门求取：

野饮花间百物无，杖头惟挂一葫芦。已倾潘子错著水，更觅君家为甚酥。

（苏轼《刘监仓家煎米粉作饼子，余云为甚酥；潘邠老家造逡巡酒，余饮之，云：莫作醋，错著水来否？后数日，携家饮郊外，因作小诗戏刘公，求之》）

在惠州时，还有知州詹范不顾政治高压，主动邀请苏轼到自家品尝槐叶冷陶：

青浮卵碗槐芽饼，红点冰盘霍叶鱼。

198

（苏轼《二月十九日，携白酒、鲈鱼过詹使君，食槐叶冷淘》）

槐芽饼即槐叶冷陶，是一种用青绿的槐叶汁与发酵的面粉做成的冷面，盛在碗里，颜色鲜碧，十分悦目，搭配着切成薄片的鲈鱼脍，清爽可口。

更有乡邻父老，热情相约，荔枝树下，纵酒同欢：

仰观江摇山，俯见月在衣。步从父老语，有约吾敢违。

（苏轼《和陶归园田居六首·其三》）

君来坐树下，饱食携其余。归舍遗儿子，怀抱不可虚。有酒持饮我，不问钱有无。

（苏轼《和陶归园田居六首·其四》）

愿同荔枝社，长作鸡黍局。

（苏轼《和陶归园田居六首·其五》）

幕天席地，江边月下，喝着荔枝酒，品着荔枝果，吃着鸡肉、黍米之类的家常便饭，吃完之后还让带着满满一袋的荔枝回家，这份盛情让人感动，永难忘怀。

在儋州时，粮食米面都靠海船贩运，一遇天气变化，海运中断，苏轼便难免有断炊之忧。但是，实际上不必担心，每当苏轼无米下锅的时候，邻里左右都会伸出援助之手。

常常会有渔民给苏轼送来蚝、蛤等海上特产，苏轼便与儿子苏过一起学着烹调。他们发现，将生蚝剖开，"肉与浆入水，与酒并煮，食之甚美，未始有也"（苏轼《食蚝》）。苏轼总是一边吃着鲜美的蚝肉，一边对苏过说："咱们千万得保密哦，别让京城里那些达官贵人知道了，否则他们会争相要求贬谪到海南。"

苏轼幽默风趣的自嘲，表现出对政敌强加的残酷迫害的蔑视。

逢年过节，邻家杀鸡摆酒，邀请苏轼一同欢聚，更是令人温暖快慰的事情。

杯中，是用海南黎族人独特的酿酒法酿制的酒饮：

小酒生黎法，干糟瓦盎中。

（苏轼《用过韵，冬至与诸生饮酒》）

坐上，华夷共席，黎汉同欢，觥筹交错，其乐融融：

华夷两樽合，醉笑一欢同。

（苏轼《用过韵，冬至与诸生饮酒》）

在与平民百姓真挚、诚恳的交往中，在最日常、最普通的饮食中，苏轼获得了生命的自在、精神的超越。苏轼的创作也使原本凡俗庸常、不登大雅之堂的饮食题材，在文学的世界焕发出光彩，充满了诗意与哲理。

相关作品精读

● 刘监仓家煎米粉作饼子，余云为甚酥；
潘郐老家造逡巡酒，余饮之，云：莫作醋，
错著水来否？
后数日，携家饮郊外，因作小诗戏刘公，求之

苏　轼

野饮花间百物无，杖头惟挂一葫芦。已倾潘子错著水，
更觅君家为甚酥。

【题解】

元丰六年（1083）作于黄州。刘监仓：名刘唐年，当时担任
黄州主簿。监仓：负责粮仓存储出纳等事务。潘郐（bīn）老：名
大临，字郐老。逡巡（qūn xún）酒：传说中神仙酿造的一种酒，
顷刻而成，又称"顷刻酒"。苏轼在这里借用了这个名字。

● **猪肉颂**

苏　轼

净洗锅[1]，少著水，柴头罨[2]烟焰不起。待他自熟莫催

他，火候足时他自美。黄州好猪肉，价贱如泥土。贵人不肯吃，贫人不解煮。早晨起来打两碗，饱得自家君莫管。

【注释】

〔1〕锅：有版本作"铛"（chēng），是一种炖煮用的锅。
〔2〕罨（yǎn）：覆盖。

● 惠崇春江晚景二首·其一

苏 轼

竹外桃花三两枝，春江水暖鸭先知。蒌蒿满地芦芽短[1]，正是河豚欲上时[2]。

【题解】

元丰八年（1085）作于汴京。部编本语文教材收录该诗，题为《惠崇春江晚景》,《苏轼诗集》中题为《惠崇春江晓景二首》,本诗为第一首。惠崇：北宋初期的一位僧人，能诗善画。

【注释】

〔1〕蒌蒿：水中草本植物。芦芽：芦苇的芽，即芦笋。据记载，蒌蒿、芦芽是河豚最爱的食物，可使河豚肥大，同时又是烹调河豚时的佐料，能解毒。〔2〕正是河豚欲上时：每年初春，河豚由海入江，逆流而上。

食荔枝二首·其二

苏　轼

罗浮山^{〔1〕}下四时春，卢橘^{〔2〕}杨梅次第新。日啖荔枝三百颗，不辞长作岭南人。

【题解】

《苏轼诗集》题为《食荔支二首》，本书选了第二首，"荔支"现多作"荔枝"，别名《惠州一绝》。

【注释】

〔1〕罗浮山：在广东省东江北岸。〔2〕卢橘：一种和橘子近似的水果，放久之后果皮会变黑，所以称为"卢橘"，卢指黑色。但是，苏轼诗中所谓"卢橘"则是指枇杷。如"魏花非老伴，卢橘是乡人"（《真觉院有洛花，花时不暇往，四月十八日与刘景文同往赏枇杷》）。魏花，即魏紫，是洛阳牡丹的名贵品种之一，对应诗题中的"洛花"；而"卢橘"对应诗题中的"枇杷"。另外，《冷斋夜话》中还记载了一个故事。有一次，张嘉甫读到苏轼诗句"卢橘微黄尚带酸"，问："卢橘是什么水果？"苏轼回答："是枇杷。"

● 纵笔三首·其三

苏　轼

北船不到米如珠，醉饱萧条半月无。明日东家当祭灶[1]，只鸡斗酒定膰[2]吾。

【注释】

〔1〕祭灶：祭祀灶神。民间一般在农历十二月二十三或二十四日祭祀灶神，希望灶神在天帝面前说好话，保佑来年交好运。〔2〕膰（fán）吾：送给我祭肉。膰：古代祭祀用的熟肉，这里作动词。

● 与子由弟十首·其七

苏　轼

惠州市井寥落，然犹日杀一羊，不敢与仕者争。买时，嘱屠者买其脊骨耳。骨间亦有微肉，熟煮热漉出（不乘热出，则抱水不干）。渍酒中，点薄盐炙微焦食之。终日抉剔，得铢两于肯綮之间[1]，意甚喜之。如食蟹螯，率[2]数日辄一食，甚觉有补。子由三年堂庖[3]，所食刍豢[4]，没齿而不得骨[5]，岂复知此味乎？戏书此纸遗[6]之，虽戏语，实可施用也。

然此说行，则众狗不悦矣。

【题解】

绍圣年间作于惠州。这篇文章有几个不同版本，内容大致相同，但题目不同，一种版本题为《食羊脊骨说》。说：一种文体，通过发表议论或记述事物来说明某个道理。另一种版本题为《众狗不悦》。本书采用的是《苏轼文集》的版本。

【注释】

〔1〕铢两：一铢一两，比喻极少。肯綮（qìng）：筋骨结合的地方。〔2〕率：大概，一般。〔3〕子由三年堂庖：苏辙元祐六年至八年（1091—1093）先后担任尚书右丞（排名第四的副宰相）、门下侍郎（排名第一的副宰相），享受朝廷供给的饮食。堂庖：即堂食。〔4〕刍豢（chú huàn）：肉类食品。〔5〕没齿而不得骨：一口咬下去全是肉，没有骨头。〔6〕遗（wèi）：送给。

第12讲 爱好医药的苏轼：传方施药建病坊

「看见别人吃我的药，治好了病，我也感到身轻体健；别人喝我的酒，酩酊大醉，我也感到淋漓酣畅；我这也是专门利己呀！」民胞物与，爱民如己，这是苏轼待人处世的一贯态度，也是苏轼赢得当时及后世历久不衰的尊敬与热爱的重要原因。

苏轼爱好医药，一生结交了许多医生朋友，收集了许多医药秘方，写下了几十篇医药杂记，并随时随地利用自己掌握的医药知识帮助朋友、救济民众，甚至自病自治，还创建了中国历史上第一座面向普通民众的官办医院。

● 名医庞安常

苏轼的医生朋友，最有趣的要数庞安常。

庞安时，字安常，蕲州（今湖北省蕲春县）人，自幼聪颖过人，读书过目不忘，年轻时已是江淮一带的名医。他多才多艺。吹拉弹唱，斗鸡走狗，蹴鞠击球，一般豪侠少年喜欢的游戏娱乐，无所不会。因为家境富有，不需要靠行医谋生，想请他看病的人，只能用他喜欢的这些娱乐活动来吸引他。每次出诊，都会吸引无数人前往求医或围观。二十多岁时，他得了一场病，不幸患上了严重的耳聋。面对突如其来的人生变故，他感叹道："我没有可能入仕做官了，看来老天是想让我这辈子做个医生。"于是，戒掉了年轻时的各种爱好，专心研究《神农本草》《黄帝内经》等古代医学典籍，医术更加精进，通过望（观气色）、闻（听声息）、问（问症状）、切（按脉象）四种诊断方法，便能准确判断是可治之病还是不治之症。经他治疗的病人，十有八九都能痊愈。更为难得的是，他不仅医术高明，而且医德高尚，仗义轻财。对待病人，不论贫富贵贱，一视同仁。他还为那些千里迢迢上门求医的病人免费提供住宿，亲自关照他们的饮食汤药，照顾他们像亲人一样体贴周到。因此，他家总是门庭若市。

苏轼与庞安常的相识，是在他谪居黄州时期。

元丰五年（1082）三月七日，苏轼和几个朋友前往黄州东南三十里处的沙湖，途中遭遇一场阵雨，大家都没有随身携带雨具，十分狼狈，苏轼却不以为意。他想，大雨既然来了，一时又没有躲雨的地方，缩成一团，东奔西窜，照样会淋湿，还不如坦然面对。所以，他不慌不忙，唱着歌，吟着诗，安步徐行，还写了一首脍炙人口的词作：

> 莫听穿林打叶声，何妨吟啸且徐行。竹杖芒鞋轻胜马，谁怕？一蓑烟雨任平生。
>
> 料峭春风吹酒醒，微冷，山头斜照却相迎。回首向来萧瑟处，归去，也无风雨也无晴。
>
> （苏轼《定风波·莫听穿林打叶声》）

词的上片写途中遇雨，议论中见叙事。诗人竹杖芒鞋，吟啸徐行，骤然而至的风雨丝毫不能打乱他从容的步履。"莫听""何妨""谁怕""任"，这一系列的语词写出了诗人的洒脱与豪迈。下片写雨过天晴，叙事中蕴含哲理。"料峭春风"带着微微的寒意，"山头斜照"却给人以温暖，生活就是这样苦乐相参、悲欣交集。无论悲喜，都将随时光的流转消失无痕。这是对生活中小小插曲的真实记录，同时又是诗人坦荡旷达人生态度的自我表白。当狂风骤雨扑面而来时，他自有"泰山崩于前而色不变"的勇气；当风雨骤去，斜照相迎时，他也不会欢喜忘形，暗自庆幸。阴晴晦明，进退得失，皆不足道，他完全超越于外部影响之上，履险如夷，宠辱不惊。

蕲州与黄州相邻，庞安常家就在沙湖附近的麻桥，听说苏轼来到沙湖，他专门赶了十多里山路前来求见。苏轼原本患有左臂肿痛的毛病，淋了这场冷雨，病情又加重了。庞安常诊断后，认为病根较深，一次针灸难以痊愈，于是热情邀请苏轼去他家住上一段时间。安常耳聋，苏轼以指画字和他交谈，只需写上几个字，他就立即明白苏轼的意思，两人之间的交流几乎没什么障碍。苏轼开玩笑道："我以手为口，您以眼为耳，我们都是奇人。"

苏轼的臂痛完全康复后，两人一同前往蕲州蕲水县（今湖北省浠水县）城外的清泉寺游玩，寺中泉水据说是东晋著名书法家王羲之的洗笔之处，泉水清冽，下临兰溪，溪水西流，两旁长满兰草，景色十分幽美。苏轼触景生情，信口而歌：

山下兰芽短浸溪，松间沙路净无泥。萧萧暮雨子规啼。

谁道人生无再少，门前流水尚能西，休将白发唱黄鸡。

（苏轼《浣溪沙·游蕲水清泉寺》）

词的上片写景，描写兰溪静谧幽雅的自然环境。下片抒情，表达诗人乐观积极的精神。我国地势西高东低，河流通常都是由西向东滚滚奔流，所以，有一首脍炙人口的古诗这样劝谕年轻一辈：

> 百川东到海，何时复西归。少壮不努力，老大徒伤悲。
>
> (《长歌行》)

水向东流，永不西归，就像时光流逝，永不再回。自古以来，年光之叹曾在无数诗人笔下萦回。例如，唐代诗人白居易就发出了这样的悲鸣："黄鸡催晓丑时鸣，白日催年酉前没。"(《醉歌》)丑时（凌晨1点到3点）鸡鸣声声，酉时（黄昏17点到19点）落日西沉，我们的生命就在这鸡鸣与落日的催促下一天天逝去。然而，苏轼却说：你看，清泉寺前水向西流，说明世间事物并不绝对，总有例外的情况出现。为什么人就不可以越活越年轻呢？完全没有必要像白居易那样消沉啊！

从清泉寺出来，日已西斜，苏轼与庞安常在温润的春风中乘马缓行，见路边有家酒店，便一同下马，畅饮数杯，苏轼不免醉眼蒙眬。看窗外月色溶溶，更觉兴致勃发，两人乘醉踏月赏春，信马由缰，来到一座溪桥之上，忽觉困意袭来，于是解下马鞍垫在桥上，枕臂而卧。等到酒醒时，天已大亮，四周群山簇拥，流水潺潺，仿佛瑶池仙境，苏轼顿时诗情澎湃，掏出随身携带的纸笔，在桥柱上写道：

> 照野弥弥浅浪，横空隐隐层霄。障泥未解玉骢骄，我欲醉眠芳草。
>
> 可惜一溪风月，莫教踏碎琼瑶。解鞍欹枕绿杨桥，杜宇

一声春晓。

（苏轼《西江月·照野弥弥浅浪》）

苏轼追忆与庞安常春夜醉游蕲水、露宿桥头的美妙经历：月光映照下的旷野，蕲水缓缓流淌，闪烁着银色的波光，辽阔夜空，云彩依稀。矫健的马儿身披马鞯（jiān），在清冽夜风的刺激下，显得格外精神。月色与水光交相辉映，令人心醉，苏轼情不自禁想躺在芳草地上，感受春的气息。他勒马溪边，不肯让马儿涉水而过，以免踏碎这美玉般晶莹澄澈的一溪风月。于是解鞍下马，倚在绿杨掩映的桥头，不知不觉沉入梦乡……

对于这位新结识的医生朋友，苏轼由衷地欣赏，经常向人称许。在写给陈季常的诗中，他说：

蕲水溪山，乃尔秀邃耶？庞医熟接之，乃奇士。

（苏轼《与陈季常十六首·其三》）

意思是说，没想到蕲州山水如此灵秀，竟孕育出庞医生这样的人物！跟他交往越深，越觉得他真是难得一见的奇士。在写给胡道师的诗中，他说：

庞安常为医，不志于利，得法书古画，辄喜不自胜。

（苏轼《与胡道师四首·其一》）

庞安常行医，以救死扶伤为目标，不计个人利益，他最大的爱好就是古代名人字画，确实是一个情趣高雅的有德君子。

离开黄州后，苏轼也与庞安常保持着通信联系，交流有关医学理论的思考，还为庞安常的医学著作《伤寒论》作序。

● "圣散子"防治时疫

苏轼从小就在父亲的教导下，懂得了处处留心皆学问的道理，养成了勤学好问、随手记录的良好习惯，爱好医药的他，也因此搜集了很多经典秘方。后来，有人将苏轼记录的秘方，与他的进士同年沈括记录的秘方加以合并整理，编成《苏沈良方》一书。

这些药方中，苏轼特别推崇"圣散子"。这是他从好友巢谷那里得到的一个奇方。中医讲究辨证施治，一人一方，而"圣散子"则不论男女老幼，无论受凉还是发热，都有很好的疗效。特别适合季节性流行病的防治，也可用于日常保健。

苏轼谪居黄州时，有一年瘟疫大流行，他立即邀集了几个热心公益的朋友，大家一起捐钱，按照"圣散子"的配方，购买了一批药材。每天早晨，在路旁架起炉子，用大锅熬煮药汤，过往行人每人免费喝上一大碗，救人无数。

十年后，苏轼在杭州任知州，又一次遇上大流感，很多人都病倒了。他立即拨出公款，安排可靠的人员，按照"圣散子"的配方购买药材，在楞严院大批量熬制药汤，向全体民众免费发放。这一次的施药行动，从当年立春后开始，一直持续到第二年春夏之交。为了保证施药资金不断，苏轼还号召社会捐款。他说：

> 施无多寡，随力助缘。疾病必相扶持，功德岂有限量？仁者恻隐，当崇善因。

（苏轼《圣散子后序》）

"圣散子"这个药方用的大都是价格低廉的药材，大约一千钱就能买到一千服药，可以让一千人受益。这么价廉物美的药方，苏轼当然是大力推广。

通常人们如果拥有秘方，都不愿公之于众，巢谷也是这样。巢谷见多识广，手中有不少好药方，"圣散子"是他最看重的，甚至没舍得传给自己的儿子，苏轼还是经过苦苦哀求才得到。巢谷在传授这个药方之前，专门把苏轼带到江边，让他指水发誓，绝不传给别人。但苏轼认为，秘而不宣过于狭隘，好的药方就应该让更多人知道，发挥更大的作用。因此，他不顾巢谷反对，又将这个药方传了庞安常。苏轼希望庞安常将这个药方及其原理著录在书中，传之后世。这样也能使巢谷之名与这个药方一同不朽。

● 杭州兴建安乐坊

宋朝重视医学，政府设有各类医疗机构。但是这些太医、御医主要负责给皇室与朝廷高级官员看病，就连职位较为卑微的官员，也难以享受到他们的医疗服务，普通民众更不敢问津，看病只能依靠数量十分有限的民间医生。

元祐五年（1090）春，杭州大流感爆发时，苏轼沉着应对，安排专门人员熬制"圣散子"药汤，沿街发放，最大限度地保障了人民的生命安全，杭州百姓无不充满感激。但是，苏轼并不满足于这种短期效应，他认为，杭州是水陆交通枢纽，客商往来频繁，流动人口多，疾病的传播比其他地方更加容易，更加迅捷。许多外来客商，由于人生地不熟，一旦生病根本无处求医，因此杭州每年病死的人比别处多，急需创立一所方便民众求医的病坊。

经过一番认真的讨论与周密的计划，病坊很快创建起来。苏轼从州府拨出二千缗专款，自己又捐出五十两黄金，延请懂医的僧人坐堂诊治，并规定每年从地方税收中拨出少许资金，作为维持病坊的经费，对于医术高明、医德高尚、三年治愈上千人的僧医，由官府上报朝廷，给予奖励。苏轼给这所病坊取名叫"安乐坊"。此后的十多年，安乐坊一直正常运转，崇宁二年（1103）改名为"安济坊"。

宋代历史上，每逢春夏流行病高发期，朝廷与地方官都会施药济民。例如，宋太宗淳化三年（992）五月，汴京疫病流行，朝廷命太医局选派十名医官，拨款五十万购买药材，在交通要道免费为民众看病、施药；宋真宗大中祥符二年（1009）四月，河北流行腮腺炎，皇帝诏令医官院开具处方，由地方州府采购药材发放给民众；宋仁宗以后更形成固定制度，要求各州府每年定期施药。但是，像苏轼这样设立一所长年开放、面向民众的病坊（相当于今天的医院），似乎仅此一例，在中国医药史上具有首创之功。

惠州防治瘴气

古人认为，瘴气是山林间因湿热蒸郁而产生的一种毒气，人们一旦遇上，便会染上各种疾病，十分可怕。今天的医学研究告诉我们，这种致病的瘴气大多是群飞的蚊子。带有恶性疟原虫的蚊子，聚集在一起飞行，远远看去就像一团黑沉沉的气体，人和动物被它们叮咬之后，便会感染恶性疟疾。惠州地处岭南，草木繁茂，气候燠热，极易滋生蚊虫、细菌，正是人们谈之色变的瘴疠之地。

谪居惠州时，苏轼已年过六十，在人均寿命偏低的古代社会，已经属于高龄老人。他以乐观的精神、顽强的意志，以及丰富的医药养生知识，使自己努力适应环境。与此同时，他也注意到，不仅像他这样的异乡人容易水土不服，湿热环境下，土生土长的本地人也难免患疫病。缺医少药，民众病苦难除。

此时的苏轼，只是一名被贬的罪官，早已无权签署公事，但他并没有放弃儒家的济世精神，相反地，还进一步结合佛家与道家乐善好施、普度众生的愿心，竭尽全力关怀着惠州人民。苏轼发现，姜、葱、豆豉三种食材煮成浓汤服用，可以有效地治疗瘴病。但是，惠州当地人不会做豆豉，惠州也不出产黑豆。苏轼听说广州盛产黑豆，于是写信请朋友一次代购了二石，做成豆豉，送给当地生病的百姓。一次就要买三石黑豆，可见他施舍的范围真是不小。

通常人们都是自己有病才会在家里准备药物，自己爱喝酒才会在家里多藏美酒，苏轼却是"无病而多蓄药，不饮而多酿酒"（《书〈东皋子传〉后》）。有人问他："你为什么总干这种辛苦自己，让别人得好处的事情？"

他哈哈大笑，答道："看见别人吃我的药，治好了病，我也感到身轻体健；别人喝我的酒，酩酊大醉，我也感到淋漓酣畅；我这也是专门利己呀！"

民胞物与，爱民如己，这是苏轼待人处世的一贯态度，也是苏轼赢得当时及后世历久不衰的尊敬与热爱的重要原因。

相关作品精读

● 定风波

苏　轼

三月七日，沙湖道中遇雨，雨具先去，同行皆狼狈，余独不觉。已而遂晴，故作此词。

莫听穿林打叶声，何妨吟啸[1]且徐行。竹杖芒鞋[2]轻胜马，谁怕？一蓑[3]烟雨任平生。

料峭[4]春风吹酒醒，微冷，山头斜照却相迎。回首向来萧瑟处[5]，归去，也无风雨也无晴。

【注释】

〔1〕吟啸：高声吟唱。〔2〕芒鞋：草鞋。〔3〕蓑（suō）：蓑衣，用草或棕等编成的雨衣。这里用作量词，但比一般量词含义更丰富，是一种艺术化、审美化的用法。"一蓑烟雨"即"一场烟雨"，描写隐士、渔翁生活的古代诗词经常使用。〔4〕料峭：略带寒意。〔5〕萧瑟处：指遇雨的地方。萧瑟：风雨声。

书清泉寺词

苏 轼

黄州东南三十里，为沙湖，亦曰螺师店。余将买田其间，因往相[1]田。得疾，闻麻桥人庞安时善医而聋，遂往求疗。安时虽聋，而颖悟过人。以指画字，不尽数字，辄了人深意。余戏之云："余以手为口，君以眼为耳。皆一时异人也。"疾愈，与之同游清泉寺。寺在蕲水郭门[2]外二里许，有王逸少[3]洗笔泉，水极甘，下临兰溪，溪水西流。余作歌云："山下兰芽短浸溪，松间沙路净无泥，萧萧暮雨子规[4]啼。谁道人生无[5]再少？君看流水尚能西，休将白发唱黄鸡。"是日，极饮而归。

【注释】

〔1〕相（xiāng）：亲自去看。〔2〕蕲水：县名，今湖北省浠水县。郭门：古代的城池通常有两道墙，外墙称为"郭"，"郭门"即指外面城墙的城门。〔3〕王逸少：东晋著名书法家王羲之，字逸少。〔4〕子规：杜鹃鸟，叫声凄婉，传说是古代蜀国国君杜宇死后的灵魂所化，所以又称"杜宇"。古代诗词中常用"子规"来渲染悲凉的气氛。〔5〕无：《苏轼文集》作"难"，现通行版本为"无"。

西江月

苏　轼

顷[1]在黄州，春夜行蕲水中。过酒家，饮酒醉，乘月至一溪桥上，解鞍，曲肱[2]醉卧少休。及觉已晓，乱山攒拥[3]，流水锵然，疑非尘世也，书此语桥柱上。

照野弥弥[4]浅浪，横空隐隐层霄[5]。障泥未解玉骢骄[6]，我欲醉眠芳草。

可惜[7]一溪风月，莫教踏[8]碎琼瑶。解鞍欹枕[9]绿杨桥，杜宇一声春晓。

【注释】

〔1〕顷：近来，最近。〔2〕曲肱（qū gōng）：弯着胳膊作枕头。〔3〕攒拥（zǎn yōng）：簇拥。〔4〕弥弥（mǐ mǐ）：水波翻动的样子。〔5〕层霄：云气。〔6〕障泥：马鞯，用布或锦缎做成，垂在马腹两侧，用于遮挡尘土。玉骢（cōng）：玉花骢，泛指骏马。〔7〕可惜：可爱。〔8〕踏：《东坡乐府笺（简体版）》作"蹋"，同"踏"。〔9〕欹枕（qī zhěn）：斜靠。

书《东皋子传》后

苏 轼

予饮酒终日，不过五合[1]，天下之不能饮，无在予下者。然喜人饮酒，见客举杯徐引[2]，则予胸中为之浩浩焉，落落焉[3]，醺适[4]之味，乃过于客。闲居未尝一日无客，客至，未尝不置酒。天下之好饮，亦无在予上者。常以谓人之至乐，莫若身无病而心无忧。我则无是二者矣。然人之有是者，接于予前，则予安得全其乐乎[5]？故所至，常蓄善药，有求者则与之，而尤喜酿酒以饮客。或曰："子无病而多蓄药，不饮而多酿酒，劳己以为人，何也？"予笑曰："病者得药，吾为之体轻，饮者困于酒，吾为之醺适，盖专以自为也。"

东皋子待诏门下省[6]，日给酒三升。其弟静问曰："待诏乐乎？"曰："待诏何所乐，但美酝[7]三升，殊可恋耳。"今岭南，法不禁酒，予既得自酿，月用米一斛[8]，得酒六斗。而南雄、广、惠、循、梅五太守，间复以酒遗予。略计其所获，殆过于东皋子矣。然东皋子自谓五斗先生，则日给三升，救口不暇[9]，安能及客乎？若予者，乃日有二升五合，入野人[10]、道士腹中矣。东皋子与仲长子光[11]游，好养性服食[12]，预刻死日，自为墓志。予盖友其人于千载，或庶几[13]焉。

这篇文章作于苏轼谪居惠州时。东皋（gāo）子：唐代诗人王绩，字无功，号东皋子。

【注释】

〔1〕合（gě）：容量单位，十合为一升。〔2〕举杯徐引：慢慢伸长手臂举起杯子。〔3〕浩浩焉，落落焉：开阔坦荡，潇洒自在。焉：表感叹，相当于"呢""啊"。〔4〕酣适：畅快舒适。〔5〕"然人之有是者接于予前"二句：然而，那些身有病、心有忧的人和我交往，我又怎么能做到完全快乐呢？〔6〕东皋子待诏门下省：王绩曾任门下省待诏。〔7〕美酝：美酒。〔8〕斛（hú）：容量单位，十斗为一斛。〔9〕救口不暇：自己喝都不够。〔10〕野人：村野之人，普通百姓。〔11〕仲长子光：隐士，王绩的朋友。〔12〕养性：涵养性情。服食：服药。道家以服用丹药作为一种养生延年之术。〔13〕庶几：表示希望的语气词。

● 钱子飞施药

苏　轼

王庠元龙[1]言：钱子飞有治大风方[2]，极验，常以施人。一日，梦人云："天使已[3]以此病人，君违天怒，若施不已，君当得此病，药不能救。"子飞惧，遂不施。

仆以为天之所病，不可疗耶？则药不应复有效。药有效者，则是天不能病。当是病之祟畏是药，假天以禁人耳。晋侯之病，为二竖子[4]。李子豫赤丸，亦先见于梦。盖有或使之者。子飞不察，为鬼所胁。若余则不然。苟病者得愈，愿代受其苦。家有一方，以傅皮肤，能下腹中秽恶。在黄州试之，病良已，今当常以施人。

【注释】

〔1〕王旂（yóu）元龙：王旂，字元龙，王安石的侄儿。

〔2〕钱子方：钱明逸，字子方，北宋中期人，官至翰林学士。大风：中医认为风、寒、暑、湿、燥、火六气太过，是致病的主要外部原因，称为"六邪"。"大风"在这里指因风邪而生的病。

〔3〕已：停止。〔4〕"晋侯之病"二句：这是《左传》记载的一个离奇故事。

第13讲

爱好琴棋书画的苏轼：无穷出清新

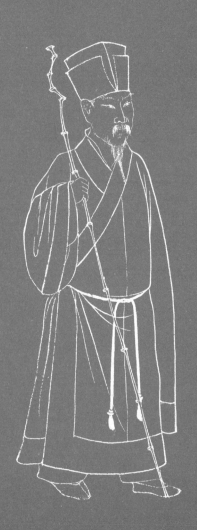

他认为一切事物都有美的一面，并不是只有那些瑰丽、奇伟、难得一见的事物才值得欣赏，每一样最日常、最普通、最细小的事物中都蕴含着无限的美，等待着我们去发现。

苏轼从小兴趣广泛，对一切都充满了好奇。琴棋书画是古代文人雅士必备的修养，苏轼都曾深入钻研，他的书法和绘画，更是成就卓越，在中国书法、绘画史上占据着重要地位。

● 琴

　　古人所说的"琴"特指古琴，这是一种有着三千多年历史的弹拨乐器。

　　苏家珍藏着一张十分古老的琴，琴面上有非常古拙的裂纹，就像蛇皮上的花纹一样。琴底部刻着两行文字，其一是"开元十年造，雅州灵开材"，意思是说这张琴是唐代开元十年（722）用雅州（今四川省雅安市）所产的木材制作的，传到苏轼手中，已经有三百多年了。其二是"雷家记，八日合"，说明是一张"雷琴"，但"八日合"是什么意思？苏轼也不明白。雷琴又称"雷公琴""雷氏琴"，是唐代著名的斫琴世家四川雷氏家族所制。苏轼家藏的雷琴，琴头的"岳山"（架弦的硬木）极为小巧，但每一根琴弦的音声都十分精准，体现了古琴制作技术的最高境界，苏轼认为只有雷琴才能达到。他很好奇这究竟是怎么做到的？曾经还忍不住把琴拆开，仔细研究了一番。

苏轼的父亲苏洵善于弹琴。苏轼有一首诗《舟中听大人弹琴》，作于二十四岁，那年他们一家从老家眉山乘船进京，旅途中听父亲弹琴：

弹琴江浦夜漏永，敛衽窃听独激昂。风松瀑布已清绝，更爱玉佩声琅珰。

父亲的琴声，时而激昂如瀑布奔涌，时而清绝如松风阵阵，时而优雅如玉佩叮咚，洒落在静夜辽阔的江面上，流露出与古为友、超然世俗的高远情怀。

虽然苏轼曾说自己"素不解弹"，又说自己"不通此伎"，但是从他的诗文作品中可以看出，他对于古琴指法、曲谱，以及古琴的制作原理与保养方法等，都非常熟悉，说明他并不是不会，只是不够精通。在《破琴诗（并叙）》中，他曾写道：

元祐六年三月十九日，予自杭州还朝，宿吴淞江，梦长老仲殊挟琴过余，弹之有异声。就视，琴颇损，而有十三弦。

这大概是他唯一一次写到自己弹琴，不过是在梦中。其实，苏轼深谙乐律，经常按照曲谱填词，不少词作都是在歌筵酒席上即兴写成的，而词的声调、内容与乐曲音律往往都能吻合无间。他的琴艺虽然不算高超，但极爱听人演奏。他说，琴声雅韵能"散我不平气，洗我不和心"（苏轼《听僧昭素琴》），带来内心的平和宁静，也带来文学创作的灵感。脍

炙人口的《琴诗》(《苏轼诗集》题作《题沈君琴》),就是苏轼听琴时的即兴之作:

若言琴上有琴声,放在匣中何不鸣?若言声在指头上,何不于君指上听?

诗歌通俗易懂,富于哲理,读者自可从中得到多方面的启迪。

苏轼在黄州时,曾与庐山琴师崔闲小聚,偶然谈及恩师欧阳修生前旧事,由此引出一段蜚声琴界的佳话。四十年前,欧阳修遭人诬陷,谪居滁州,为排遣内心苦闷,公余之暇陶情山水。滁州四面环山,坐落于西南方向的琅琊山景色尤为美丽,泉鸣空谷,声若环佩。欧阳修时常漫步山间,把酒聆听,欣然忘归。他自称"醉翁",并写下著名的《醉翁亭记》。十年后,音乐家沈遵被《醉翁亭记》所表现的意境和情韵深深吸引,他跋涉千里,从京城来到滁州,在琅琊谷中徘徊终日,细听鸣泉飞瀑,乐思如潮,就在泉边席地而坐,信手谱成《醉翁操》一曲。这支琴曲的旋律自然洒脱,流畅华美,精妙绝伦,很快流传开来。欧阳修听到后,曾亲自为这首乐曲填词,但词与乐配合得不太完美。如今,苏轼与崔闲,一个是欧公的弟子,一个是沈遵的琴友,相聚黄州,追怀两位过世多年的先贤。崔闲情不自禁地轻抚琴弦,弹起了这首著名的《醉翁操》。在崔闲的琴声中,苏轼似乎已置身于琅琊幽谷,听到了叮咚的山泉,唤起他贬谪黄州以来苦闷、挣扎、解脱的全部情感过程,使他终于深深地理解了欧阳修,理解了《醉翁亭记》——这篇苦难中诞生的华美之章。于是,他不假思索，提笔写道：

> 琅然，清圜，谁弹？响空山，无言，惟翁醉中知其天。
> 月明风露娟娟，人未眠。荷蒉过山前，曰有心也哉此贤。
>
> 醉翁啸咏，声和流泉。醉翁去后，空有朝吟夜怨。山有
> 时而童巅，水有时而回川，思翁无岁年。翁今为飞仙，此意
> 在人间，试听徽外三两弦。

（苏轼《醉翁操》）

琅琊幽谷中，珠玉般清朗的流泉声，在空寂的山间回响，这无言的乐音，唯有醉中的欧公能体会其中真趣。千年前，孔子在卫国击磬，有个隐士挑着草筐从门外走过，立即听出乐声蕴含着心忧天下的意思。千年后，风清月明的夜晚，欧公也从静听中领悟到自然赋予这美妙鸣泉的深意。欧公的歌咏，与流泉声声相和。欧公离去后，潺潺山泉，声声都是无尽的思念。山会荒芜，水会倒流，而我对欧公的怀念永不停歇。如今，欧公虽已离开了人世，他对山水自然的热爱与理解却长留人间。

全词短句多，韵位密，多押平声韵，中间有意点缀着几个平仄不合常规的拗句，琴音的清圆婉和，泉声的铮琮叮咚，仿佛依稀可闻。一经写出，即被广为传唱，称为"琴中佳构"。

● 棋

和古琴一样，围棋的历史也十分久远，传说由上古尧帝

首创，古人称之为"弈"。

　　樽酒乐余春，棋局消长夏。

（苏轼《司马君实独乐园》）

　　谷鸟惊棋响，山蜂识酒香。

（苏轼《次韵子由绿筠堂》）

　　在古人看来，有酒有棋相伴，是既悠闲又风雅的美好时光。

　　苏轼喜欢下棋，但棋艺不高。他曾说："我饮如弈棋。"意思是，我喝酒的水平跟下棋差不多。又说："平生有三不如人，着棋，吃酒，唱曲也。"但这丝毫不影响他对围棋的热爱，他可以整天坐在一旁看人下棋，同样觉得津津有味。

　　苏轼晚年谪居儋州，小儿子苏过陪伴身边。地方长官张中不惧朝廷的政治高压，对苏轼十分敬重和关心，与苏过更是一见如故。张中酷爱下棋，苏过也颇识棋道。每当两人对弈，苏轼便兴致勃勃地在一旁观战，有时甚至通宵达旦，丝毫不觉厌倦。天涯海角的漫漫长夜里，棋子的清妙声响，带给他无限乐趣，常使他回想起多年前独游庐山白鹤观时的情景：

　　五老峰前，白鹤遗址。长松荫庭，风日清美。我时独游，不逢一士。谁欤棋者？户外屦二。不闻人声，时闻落子。

（苏轼《观棋》）

白鹤观位于庐山五老峰下，林泉茂美，为庐山第一。时逢中午，观中人大都闭门昼寝，浓荫满地，不见一人，一片寂静。古松流水之间，唯闻棋盘落子的声响。苏轼独步庭中，恍如闯进了唐代诗人司空图的诗境之中：

棋声花院闭，幡影石坛高。

（司空图《句》）

　　此情此景，令苏轼无限欢喜，甚至下定决心要好好学棋。不过，后来他的棋艺进步似乎也不是很大。更多时候他仍是棋局的热心围观者。有时候，他还会成为对弈双方的赌注。例如，友人张怀民与张昌言下棋，两人打赌，赢棋者让苏轼送一幅字，输棋者出钱五百，请苏轼吃饭。苏轼十分高兴，立即写下这张字据，还拉出土地神（社鬼）来作证：

张怀民与张昌言围棋，赌仆书字一纸，胜者得此，负者出钱五百，足作饭会以饭仆。社鬼听之，若不赛者，俾坠其师，无克复国。

（苏轼《赌书字》）

　　苏轼虽然并不精通棋艺，但深味个中乐趣，也最懂得棋道的哲理：

纹枰坐对，谁究此味？……胜固欣然，败亦可喜。

（苏轼《观棋》）

棋道恰如人生，结局固然有胜负、成败之分，但过程本身的千变万化、丰富多彩，才是棋道的真正乐趣所在。

● 书

苏轼酷爱书法，而且用功很深。他少年时代偏爱东晋书法家王羲之的《兰亭集序》，中年后则喜欢唐代书法家颜真卿和五代书法家杨凝式，对于其他古代书法大家的字也都细细揣摩过。他平时读书，习惯边读边抄，每本书都用不同的字体抄写，抄完一本再变换字体抄另一本。年深月久，书法史上各种字体、风格，全都熟谙于心，在此基础上融会贯通，形成自己的风格，将轻重、快慢、偏正、曲直等基本笔法运用得出神入化、变幻莫测。

对于书法理论，苏轼也有自己独到的见解，他说：

吾虽不善书，晓书莫如我。苟能通其意，常谓不学可。

（苏轼《次韵子由论书》）

我书意造本无法，点画信手烦推求。

（苏轼《石苍舒醉墨堂》）

这里的"意"是书法家对书法艺术的真切领会。"意造无法"是指摆脱传统的束缚，意之所至，戛戛独造；"信手点画"则是在高度掌握书法艺术规律之后的自由挥洒。

在《柳氏二外甥求笔迹二首》中，苏轼进一步指出：

退笔如山未足珍，读书万卷始通神。（其一）

何当火急传家法，欲见诚悬笔谏时。（其二）

南朝陈、隋代书法家智永和尚勤奋练习书法，日积月累，他用坏的毛笔装了十个大坛，后来将这些笔埋在土里，称为"退笔冢"。这是后世常用的勤学苦练的典故。唐代柳公权（字诚悬）不仅是一位著名的书法家，更是一位著名的忠臣。有一次，唐穆宗向他请教书法。穆宗荒淫放纵，柳公权借机进谏："心正则笔正，笔正，乃可法矣。"（《新唐书·柳公权传》）苏轼认为，要想在书法上达到精深绝妙的境界，不能仅仅在基本笔法的练习上下功夫，还应在知识学问、人格境界等方面不断提升自我，并将"读书万卷""正直为人"这两点作为自己书法上的家学传统，郑重地传授给自己的两位晚辈。

写字作文对于苏轼来说，是一件极为快乐的事情。无论走到哪里，只要看到纸，不管好坏，提笔就写，总是要把桌

◉《人来得书帖》 ◉〔北宋〕苏轼

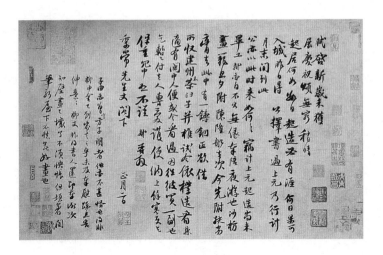

◉《新岁展庆帖》 ◉〔北宋〕苏轼

上的纸全部写完才罢手。尤其是喝完酒后，写上十几行草书，便感觉酒气像微风一般，从十指间拂拂掠过，真是畅快淋漓，十分美妙。他的酒量小，喝上一小杯就醉意朦胧，往往写着写着字，就倒头睡去，鼾声如雷，笔还牢牢地抓在手中。醒来后，看自己刚写的文字，发现本来想写东，结果却写成了西，于是说："哦，错了！"但并不重写，而是在原稿的基础上稍微改动几个字，将错就错，写成另外一篇文字。完稿后，大家一看，自然天成，根本看不出有什么不对。

　　自古以来，名重天下的文学家大多不擅书法，而苏轼文学、书法双绝，所以他的墨宝最为世人所重，当时就是人们争相购藏的艺术精品，市场上售价不菲。但苏轼对自己的字并不珍惜，写完之后就丢到一边，或随便送人，毫不在意。不过，如果有人慕名前来求取，他反而不乐意，会板着脸将人训斥一番，有时候甚至一个字也不肯写。

一次，有人向苏轼求一幅草书，苏轼一口回绝："不会。"

那人央求道："模仿前人也可以啊。"

苏轼回答道："连模仿我自己都不会。"

因此，为了得到苏轼的字，崇拜者们绞尽脑汁，想尽一切办法，即使能得到一张三五个字的便条，也足够让他们兴奋好几天。殿前副都指挥使（统领禁军的副长官）姚麟就是这类收藏爱好者之一。他是个武将，没有机会认识苏轼，但是他的朋友韩宗儒借着父辈的关系，经常出入苏府，偶尔也与苏轼有些笔墨往来。一天，姚麟对宗儒说："你若是能给我弄到一张苏翰林的墨宝，我送你一腿羊肉。"

宗儒一则想显示自己的能耐，二则又有他最爱的羊肉可吃，何乐而不为？于是满口应承。从此，他时常借故给苏轼写信，收到回函，立即去姚麟那儿换回十几斤羊肉。这个秘密不知怎么被黄庭坚知道了，他想起《晋书》记载王羲之写经换鹅的故事：有个道士养了一群大白鹅，王羲之专程跑去欣赏，越看越喜欢，恳求道士把鹅卖给他。道士说："你若替我抄一遍《道德经》（一说《黄庭经》），这群鹅就全部送给你啦。"王羲之"欣然写毕，笼鹅而归，甚以为乐"。

第二天，黄庭坚便将这件事情告诉了苏轼，并且开玩笑道："当年王右军手书《黄庭经》换得一群白鹅，人称'换鹅字'。现在这个好吃鬼韩宗儒，用您的信函换羊肉，看来也可称为'换羊书'了。"

苏轼听罢哈哈大笑。随后一段日子，朝廷事务繁多，苏轼忙得不亦乐乎，连续收到韩宗儒好几封信，都没有时间回复。宗儒等得心焦，便派仆人前来催促，苏轼刚想匆匆写上几笔，忽然记起黄庭坚说的笑话，不由笑出声来，于是搁笔，对韩家仆人说："告诉你家少爷，本官今天不杀羊。"

苏轼晚年被贬岭海，书法造诣愈加精深，书法爱好者对苏轼墨宝的追捧也愈加狂热，于是各种伪作纷纷涌现。但正如黄庭坚所说，苏轼的书法"笔圆而韵胜，挟以文章妙天下，忠义贯日月之气"（许月卿《跋东坡墨迹》），造伪者或许可以从技法上模仿，但苏轼旷世的才情学问、与日月同辉的人格境界，则是他们无法企及的。

● **画**

苏轼在绘画方面很有天赋，弟弟苏辙曾说："我哥哥子瞻从小就会画画，他好像生来就懂得绘画的技巧和规则。"

这种绘画天赋，突出体现了他对美的敏感。他认为一切事物都有美的一面，并不是只有那些瑰丽、奇伟、难得一见的事物才值得欣赏，每一样最日常、最普通、最细小的事物中都蕴含着无限的美，等待着我们去发现。因此，无论他的生活顺利还是坎坷，总是怀着新奇与欣喜的心情，打量着周围的一切。例如，贬谪黄州时，一个冬日的夜晚，他在临睡前看见月光洒落窗中，十分美好，当即决定出门，约朋友一同赏月。在他的眼中，银色月光映照下的地面，仿佛变成了一片空明澄澈的水域，竹丛与柏树的影子，则幻化成纵横交错的水藻、青苔等水生植物。于是，无数世人司空见惯，熟视无睹的月光、竹柏，顿时焕发出绝美的风姿，永远定格在《记承天寺夜游》这篇极为简短的文章中，让我们隔着千年的时光，仍能身临其境。

当然，绘画毕竟是一门艺术，仅靠天赋和直觉的美感，显然是不够的，还需要踏踏实实地用心学习揣摩。苏轼对古往今来的重要画家和画作都十分熟悉，其中最喜欢的是唐代王维、吴道子的画。王维，字摩诘，唐代著名诗人，长于绘画，他被尊为"南宗画派之祖"。吴道子，又名道玄，唐代著名画家，尤其擅长画佛像，曾担任唐玄宗的宫廷画师，时人称为"画圣"。苏轼在凤翔任职时，发现普门寺和开元寺有两位画家的真迹，如获至宝，一有时间就前往欣赏。

吴道子画的是释迦牟尼佛灭度（即死亡）前最后一次讲经说法的壮观场面。佛祖盘腿坐在两棵高大秀丽的菩提树下，头上神圣的光轮有如东方初升的太阳，天上地下，无数有情众生，争先恐后，仔细聆听这最后的法音，有的迷惑不解，有的恍然大悟，有的悲泣，有的微笑，姿态表情各个不一。这些都在吴道子传神的笔下，栩栩如生地表现出来。王维画中的释迦弟子形容清癯，眉目间自有一种淡泊超然的气质，面对尘世的荣辱，静如止水，冷如死灰。画上还有两丛墨竹，虬枝劲节，枝叶交错，生气淋漓，仿佛正在风中簌簌飞舞。

苏轼反复品味，对两位画家的画作都叹赏不止。从性情上，苏轼特别喜欢吴道子雄伟奔放的笔触，正如他在《书吴道子画后》中所评论的：

出新意于法度之中，寄妙理于豪放之外。

虽大胆创新，洒脱不羁，但一笔一画，都行于所当行，止于所不可不止，完全契合自然规则与艺术本质。而这也是苏轼本人文学艺术创作的突出特色。

在审美趣味上，苏轼则极其推崇王维的诗画相通。王维其人其诗其画，都有一种高洁绝尘的气质，诗情画意融为一体。苏轼对之玩味不尽，他说：

> 味摩诘之诗，诗中有画。观摩诘之画，画中有诗。
>
> （苏轼《书摩诘蓝田烟雨图》）

他完全被这两位古代艺术家所征服，经常独自一人在壁画前入神地观赏一整天，有时候甚至流连忘返，直到深夜。

宋代也是中国绘画史上的一个高峰，李公麟、王诜等著名画家都是苏轼的好友。不过，对苏轼绘画影响最大的，是他的表兄文同。

文同，字与可，皇祐元年（1049）进士。他以画竹闻名，首创以"浓墨为面、淡墨为背"的画法，通过墨色的深浅变化，表现竹子的远近、向背，形成墨竹一派，又称为"文湖州竹派"。而苏轼最爱的也是竹，他曾说：

> 可使食无肉，不可居无竹。无肉令人瘦，无竹令人俗。
> 人瘦尚可肥，士俗不可医。
>
> （苏轼《于潜僧绿筠轩》）

所以，他常常在自己的庭院里种上一丛丛修竹，他喜欢聆听风过疏竹时沙沙的声响，喜欢看月色盈庭时的婆娑竹影，这些极自然、极美妙的音乐和图画，曾无数次陶冶他的性情、启迪他的灵感。在他看来，竹还不仅于此，它更是一种高风亮节的象征：

> 风雪凌厉以观其操，崖石荦确以致其节。得志，遂茂而不骄；不得志，瘁瘠而不辱。群居不倚，独立不惧。
>
> （苏轼《墨君堂记》）

苏轼曾经多次在诗文中以竹来比喻文同的品德，赞美他的高洁和超俗。而文同也确实配得上这样的称赞，他一生以竹为师、以竹为友，朝朝暮暮游憩于竹林间，对于竹的了解和揣摩，早已透过外形的牢笼，深入到精神、气质和风神的境界。他画竹，不仅仅是以笔画，而是以心画，以他整个的人格和气质画，所以他的一幅墨竹图在当时就已价值千金，人人争相收藏，视为瑰宝。他教苏轼画竹，重在写形取意，平时仔细观察，反复揣摩，执笔之前做到"胸有成竹"，凝神默想之际，鲜活完整的竹子仿佛就在眼前。这时立即振笔挥毫，使胸中之竹，现于纸上，这样画出来的墨竹便可以达到形神俱备的境界。

除了踏实认真地向古往今来的绘画大师学习，苏轼也结合自己的生活经验和艺术感受，不断思考、总结，形成了自己的技法和风格。一天，苏轼在朋友家喝得大醉，随手画了一幅墨竹图，有人评论道："一般人画竹，往往叶片肥实，您画的竹子则清瘦挺拔，有如魏晋时代的美男子。"

苏轼闻言大笑，以词作答：

雨洗娟娟嫩叶光，风吹细细绿筠香。秀色乱侵书帙晚，帘卷，清阴微过酒尊凉。

人画竹身肥拥肿，何用？先生落笔胜萧郎。记得小轩岑寂夜，廊下，月和疏影上东墙。

（苏轼《定风波·雨洗娟娟嫩叶光》）

原来他常常对着月下竹影写生，所以深得竹之神韵。苏轼认为，画画重在写神，人物画也是如此。东晋著名画家顾恺之说："传形写影都在阿睹（眼睛）中，其次在颧颊。"（苏轼《传神记》）

有一次，苏轼坐在灯下，看到墙壁上映出自己的颧颊轮廓，便叫人将它描摹下来，不画眉毛眼睛，看到的人无不发笑，这俨然是一个栩栩如生的苏子瞻。

苏轼在黄州时，青年画家米芾前来拜访，亲眼看苏轼挥毫泼墨。米芾惊讶地发现，苏轼画的两竿墨竹都是从底部一直画到顶端，与通常的画法很不相同，于是好奇地问道："为什么不一节一节地画呢？"

苏轼回答道："竹子生时，何尝一节一节地长？"

他所看重的是事物的全形和常理，从整体上突出事物的精神，这种画法虽然是文同教给他的，但苏轼又融入了自己独特的艺术匠心与生活感悟。米芾大受启发，惊叹他运思清拔。

对于苏轼的枯木怪石，米芾尤其激赏，他说："苏子瞻所画的《枯木怪石图》，枝干盘曲，石头皴裂坚硬，怪状奇形，有一种无以言喻的内在力量，好像在传达他胸中的某种盘旋

◉《枯木怪石图》 ◉〔北宋〕苏轼

郁结之气。"

　　这番议论确实是行家定评。苏轼笔下的枯木怪石，正是他不求苟合于世俗、力图保持自我真率本性的思想性格的外在表现。

相关作品精读

● **醉翁操**

苏　轼

　　琅然，清圜，谁弹？响空山，无言，惟翁醉中知其天[1]。月明风露娟娟，人未眠。荷蒉过山前，曰有心也哉此贤[2]。

　　醉翁啸咏，声和流泉。醉翁去后，空有朝吟夜怨。山有时而童巅[3]，水有时而回川[4]，思翁无岁年。翁今为飞仙，此意在人间。试听徽[5]外三两弦。

【注释】

〔1〕天：自然真趣。〔2〕"荷蒉过山前"二句：借《论语》中的典故，比喻山泉的自然声响，就像有心演奏的琴曲一样意味深永。荷蒉（hè kuì）：挑草筐的人。《论语·宪问》曰："子击磬于卫，有荷蒉而过孔氏之门者，曰：'有心哉，击磬乎！'既而曰：'鄙哉！硁硁（kēng kēng）乎！莫己知也，斯己而已矣。深则厉，浅则揭。'子曰：'果哉！末之难矣。'"〔3〕童巅：荒芜，不长草木。〔4〕回川：旋流。〔5〕徽：古琴琴面十三个指示音节的标识。

观棋（并引）

苏 轼

予素不解棋，尝独游庐山白鹤观，观中人皆阖户昼寝，独闻棋声于古松流水之间，意欣然喜之。自尔欲学，然终不解也。儿子过乃粗能者，僧守张中日从之戏。予亦隅坐[1]竟日，不以为厌也。

五老峰前，白鹤遗址[2]。长松荫庭，风日清美。我时独游，不逢一士。谁欤棋者？户外屦二[3]。不闻人声，时闻落子。纹枰[4]坐对，谁究此味？空钩意钓，岂在鲂鲤[5]。小儿近道，剥啄信指[6]。胜固欣然，败亦可喜。优哉游哉，聊复尔耳。

【注释】

〔1〕隅坐：坐在一边。〔2〕白鹤遗址：白鹤观是唐代道士刘玄和的故居。〔3〕屦二：两双麻鞋。屦（jù）：用麻、葛等制成的鞋。〔4〕纹枰（wén píng）：围棋的别称。〔5〕"空钩意钓"二句：垂钓时不下鱼饵，目的不是钓鱼，而享受钓鱼的过程。鲂（fáng）：一种鱼的名字。〔6〕"小儿近道"二句：夸奖儿子苏过不执着于输赢，能享受下棋的乐趣。近道：接近于领悟生活的本质。剥啄：象声词，形容下棋的声音。信指：形容下棋时从容、自在、随意。

柳氏二外甥求笔迹二首

苏　轼

其一

退笔如山[1]未足珍，读书万卷始通神。君家自有元和脚[2]，莫厌家鸡更问人[3]。

其二

一纸行书两绝诗，遂良须鬓已成丝[4]。何当火急传家法，欲见诚悬笔谏时[5]。

【题解】

柳氏二外甥：苏轼堂妹之子柳闳、柳辟。

【注释】

〔1〕如山：有版本作"成山"。〔2〕元和脚：唐代元和年间，柳公权以书法知名一时，刘禹锡诗歌写道："柳家新样元和脚。""元和脚"指柳公权的书法。苏轼借用这个典故，是说柳闳、柳辟的祖父柳瑾也是非常优秀的书法家。〔3〕厌家鸡：东晋时，庾翼的书法与王羲之齐名，后来王氏书法盛行，学之者众。庾翼很不服气，给朋友写信道："小儿辈贱厌家鸡，爱野雉。"用

家鸡比喻自己的书法，用野雉比喻王羲之的书法。苏轼借用这个典故，则是用家鸡比喻柳瑾的书法，认为柳闳、柳辟应该好好向他们的祖父学习。〔4〕"一纸行书两绝诗"二句：我已经年纪老大，用行书写下这两首绝句送给你们。成丝：有版本作"如丝"。唐代书法家褚遂良有一帖曾写道："即日，遂良须发尽白。"苏轼借以自喻。〔5〕何当：应当。家法：这里指书法传统。诚悬：柳公权，字诚悬。

● 书戴嵩画牛

苏　轼

　　蜀中有杜处士[1]，好书画，所宝以百数。有戴嵩《牛》一轴，尤所爱，锦囊玉轴[2]，常以自随。

　　一日曝书画[3]，有一牧童见之，拊掌[4]大笑，曰："此画斗牛也。牛斗，力在角，尾搐入两股间[5]，今乃掉尾[6]而斗，谬矣。"处士笑而然之。古语有云："耕当问奴，织当问婢。"不可改也。

【题解】

　　戴嵩：唐代画家，以善于画牛著称。

【注释】

　　〔1〕处士：没有做官的读书人。〔2〕锦囊玉轴：用玉轴装

裱，用锦囊包裹，表明对书画作品特别珍爱。〔3〕曝：晒。古代有每年七月七日晒书的习俗。〔4〕拊（fǔ）掌：拍手。〔5〕搐（chù）：缩。股：大腿。〔6〕掉尾：摇尾。

记承天寺夜游

苏 轼

元丰六年十月十二日夜，解衣欲睡，月色入户，欣然起行。念无与为乐者〔1〕，遂至承天寺寻张怀民〔2〕。怀民亦未寝，相与步于中庭。庭下如积水空明，水中藻、荇交横，盖竹柏影也。何夜无月？何处无竹柏？但少闲人如吾两人者耳。

【题解】

承天寺：故址在今湖北省黄冈市南。《苏轼文集》题作《记承天夜游》，本书采用部编本语文教材八年级上册的版本。

【注释】

〔1〕念无与为乐者：想到没有跟自己一起游乐的人。〔2〕寻张怀民：张怀民当时也贬谪在黄州。

第14讲　爱开玩笑的苏轼：东坡多雅谑

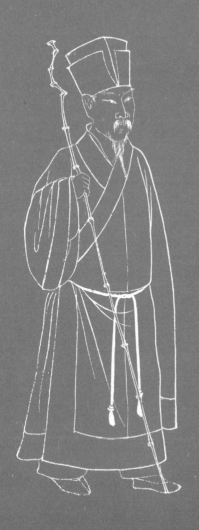

苏轼尤其值得我们学习的地方是善于进行自我心理调节，身处困境时以解嘲摆脱苦闷，以风趣化解忧烦，以轻松应对悲伤。

苏轼个性开朗，诙谐幽默，"东坡多雅谑"是宋人对他的评价。雅谑，即趣味高雅的戏谑。也就是说，苏轼爱开玩笑，但不恶俗、不伤人，玩笑中往往蕴含着丰富的学识。宋人笔记中记录了很多有关苏轼的幽默故事，透过这些故事，我们可以看到一个更加丰富多元的苏轼。

● "小人樊须也！"

　　宋朝崇尚文治，朝廷官员都经过科举考试的层层选拔，几乎无一不是饱学之士。同僚、朋友相聚时，哪怕是随意的言谈嬉笑，也往往暗含机锋，充满了智慧的较量。苏轼的机敏和才智，使他在这种场合游刃有余，从而留下许多妙趣横生的小故事，令当时的人们回味不已，津津乐道。

　　一天，苏轼和秦观等朋友聚会。秦观，字少游，是苏轼的得意门生。秦观的诗词作品以风格柔婉细腻著称，没有与他见过面的人，通常都根据他的作品把他想象成一个白皙秀美的文弱书生，实际上他却长着一脸浓密的络腮胡子，显得比较粗豪。

　　这天的宴席上，就有朋友拿秦观的大胡子开玩笑，秦观淡定回应道："君子多乎哉？"这句话出自《论语·子罕》，原本是孔子跟弟子的讨论：作为君子是否应该具备多种才能？

孔子认为，君子不应该像器物一样，被某种具体的功用（才能）所限制，但也不必刻意追求多才多艺，而应该以探寻真理正义、推动文明的进步为己任，努力修养自己的道德与才能。所以他说："君子多乎哉？不多也。"秦观借用这个句子，以戏谑的口吻，巧妙地化解了别人对自己的嘲笑。

苏轼闻言，轻轻一笑，说："小人樊须也！"这句话同样出自《论语》。樊须是孔子的弟子，他向孔子请教怎样种庄稼，孔子说："我不如老农。"他又向孔子请教怎样种菜，孔子说："我不如老圃（菜农）。"于是孔子批评道："小人哉，樊须也！"这里的"小人"，不是指道德品质低下的人，而是指志向不高、格局不大的人。因为孔子想要培养的，是具有更大的关怀与担当、在更高的价值追求上引领社会文明进步的精英，而不是仅仅拥有某种技能，并以此为谋生手段的工具性人才。

苏轼借用这个句子，通过谐音，将"樊须"变成"繁须"，对答敏捷，而且天衣无缝，在座的宾客无不拍手叫绝。

● **"晶饭"与"毳饭"**

苏轼好开别人的玩笑，自然也就会有人要钻空子跟他开玩笑。朋友之中，刘贡父是与苏轼旗鼓相当的滑稽之雄。一天，两人闲谈，苏轼说："我觉得，简朴的生活，只要过得充实，便是最为快乐的生活。当年，我和弟弟子由准备制科考试时，寄住在怀远驿，每天享用的只有三白，却觉得味道极美，几乎不再相信世间还有什么山珍海味。"

贡父好奇地问："什么是三白？"

"一撮盐，一碟生萝卜，一碗白米饭，此乃三白也。"

过了些日子，苏轼收到刘府送来的请柬，邀他同吃"皛（xiǎo）饭"。此时他早已忘了那天的闲谈，心想："贡父读书多，'皛饭'必有出处。"第二天，便怀着满心好奇，兴致勃勃地前往赴宴，却见桌上仅有盐、萝卜、白米饭，这才恍然大悟，知道自己中了圈套，但他不动声色，风卷残云地把这"皛饭"吃了个一干二净。

几天后，苏轼也给刘贡父送去一张请柬，请他吃"毳（cuì）饭"。贡父明知苏轼在跟他开玩笑，却不知"毳饭"究竟是什么东西，所以仍然如期而至。两人清茶在手，高谈阔论，直到日已过午，苏轼始终不提吃饭的事情。刘贡父肚子饿得咕咕叫，只得开口了："子瞻，'毳饭'可曾备好？"

苏轼说："稍等一会。"

两人继续闲谈，看看又是一顿饭的工夫，还是不见动静，刘贡父饥不可耐，忍不住再次催问，苏轼也不解释，只说"稍等"。这样反复再三，才将贡父引入餐厅就座，令人意外的是，桌上什么东西也没有，苏轼笑着说："菜也毛（即没有），饭也毛，盐也毛。不必客气，请，请！"

贡父一愣，随即反应过来，不禁捧腹大笑："早知你要报那一箭之仇，但实在没想到这一招！甘拜下风，甘拜下风！"

这时，仆人送上早已准备好的美酒佳肴，两位好友痛痛快快地大吃了一顿。

● 六眼龟

除了朋友间的相互捉弄、调笑，苏轼也擅长编故事，用幽默轻松的戏谑，委婉地表达心中的不满。

有一次，苏轼有事拜谒宰相吕大防。当时，吕大防正在睡午觉。他是一个心宽体胖、行动迟缓的老好人，听到仆人禀报，便以惯有的速度慢条斯理地穿衣起床。当他终于来到客厅时，苏轼早已等得有些不耐烦了。宾主依次坐下，吕大防仍是一副睡眼惺忪、无精打采的样子，苏轼心中不免又添了几分不快。他环顾四周，看见窗前几案上一只瓦盆里养着的绿毛龟，立时便有了主意，他说："吕大人，那瓦盆里养着的是什么龟？"

一听苏轼提起他新近所得的这只宠物，吕大防不禁精神为之一振，他不无得意地回答道："是一只世所罕见的绿毛龟，据说已经有好几百岁了。"

"是吗？"苏轼装着很有兴趣的样子走过去，看了看，摇摇头说，"这种龟不算稀罕，乌龟中若要称真正的稀世之宝，当推六眼龟。"

吕大防吃惊地睁大了眼睛："六眼龟？世上会有六眼龟？"

"是啊，"苏轼一本正经地回答，"唐庄宗时，有人献上一只六眼龟。庄宗很新奇，问这龟有什么好处，他身边有个滑稽艺人叫敬新磨，当即编了一首歌谣：'不要闹，不要闹，听取龟儿口号。六只眼儿睡一觉，抵别人三觉。'"

吕大防这才明白，原来苏轼在变着法子取笑自己贪睡。

254

● 余年乐事最关身

苏轼尤其值得我们学习的地方是善于进行自我心理调节，身处困境时以解嘲摆脱苦闷，以风趣化解忧烦，以轻松应对悲伤。

遭遇"乌台诗案"，被囚禁整整一百三十天之后，苏轼从幽暗的牢房里走了出来，他没有让自己沉溺在不堪回首的往事中自怨自艾，而是告诉自己：虽然关了一百多天，但正好在春天即将到来的时候出来了，这不是挺好的吗？这场灾祸已经过去，就让它过去吧，如何快乐地度过余生才是最应该关切的事情。

贬谪黄州时，苏轼在经济上极为窘迫，为了防止乱花钱，苏轼把钱分成小份，挂在房梁上，规定每天只能用叉子挑一份下来。他曾语含幽默地和好友说，自己快五十岁了才知道什么是盘算着过日子，虽然他把吝啬美化成节俭，分享的却是大有好处的生活良策，他不藏着掖着，而特别奉献出来给朋友们共享。有一次读《战国策》，看到处士颜斶（chù）"无事以当贵，早寝以当富，安步以当车，晚食以当肉"的话，不禁心领神会，认为是治疗"穷病"的好药方，多次介绍给朋友。不过，他认为还可以更进一步，缓步徐行本身就很安乐，肚子饿了再吃饭吃什么都很香，没必要再想着什么车与肉。"美恶在我，何与于物？"（苏轼《答毕仲举书》）好与不好，都是我们的主观判断，跟外物没有关系。

苏轼晚年谪居惠州，寄居寺庙。彼时他虽然已是白发稀疏，满脸风霜，而且患有多种疾病，但哪怕只是在春风中美美地睡一觉，同样感受到无比的惬意。寺庙里的和尚们，看到苏轼睡得正香，担心将他惊醒，敲钟时都轻手轻脚。这份情意，令苏轼十分感动，于是他在诗《纵笔》中写道：

> 白头萧散满霜风，小阁藤床寄病容。报道先生春睡美，道人轻打五更钟。

据说，这首诗传到京城后，苏轼的政敌心中很不是滋味，冷笑道："苏子瞻竟然如此快活！"于是把苏轼贬到更加偏远的儋州。苏轼再贬海南当然绝不仅仅是因为他的政敌故意要他睡不好，也是当时政治斗争的必然结果。但苏轼并不因此而被打倒，到达海南之后，他又在诗《纵笔三首·其一》中写道：

> 寂寂东坡一病翁，白头（须）萧散满霜风。小儿误喜朱颜在，一笑那知是酒红。

同题同句，表明苏轼确实是有意为之。轻松诙谐的笔调，充分体现了他对生活苦难的蔑视，和顽强不屈的高贵意志。凭借着这种精神和意志，苏轼度过了漫长的贬谪生活，七年后终于迎来了北归的时刻。

● **玉版长老**

经历了极为艰苦的贬谪生活，苏轼的开朗热情与诙谐幽默丝毫没有改变。北归途中，苏轼路过虔州。正当赣水枯涸，不能通航，便暂且寓居水南，等待江涨。就在这时，偶遇同样贬谪归来的昔日同僚刘安世。

刘安世，字器之，是一个性格严谨、不苟言笑的人。平时哪怕独自一人居家久坐，也是坐得端端正正，绝不歪斜倚靠；他字迹工整，从不写草书，与苏轼的自由不羁、随和任诞恰恰相反。因此，当年两人在朝共事多年，不仅没有成为朋友，还由于处世态度和处事方式不同而常常发生摩擦。如今时过境迁，两人都经历了七年的流离坎坷，再度相逢，彼此的观感都大不相同了。迟到的友谊就这样开始了。

旅居虔州，闲来无事，二人经常结伴出游。刘安世很喜欢谈禅，但不喜欢游山。当时寒食刚过，山中新笋出土，苏轼很想邀安世上山游玩，怕他不肯，于是眉头一皱想出一个主意。这天，他带了两名童仆，来到刘安世的寓所，一进门便兴致勃勃地说："器之，天清气爽，风和日丽，不想出去逛逛吗？"

"去哪里？"

"山中不远有玉版长老，不知你可有兴趣前往参禅？"

刘安世一听，欣然从行。爬到半山腰，只见遍地都是鲜嫩的竹笋，苏轼建议烧笋野餐。大家一齐挖笋生火，不一会儿，空气中便弥漫起扑鼻的笋香。刘安世吃得津津有味，问道："此笋何名？"

苏轼笑嘻嘻地答道："名玉版。此老僧善说法要，令人得禅悦之味。"

刘安世恍然大悟，原来被苏轼骗了！两人相互对视，随即爆发出一阵爽朗的笑声。

相关作品精读

● ## 书焦山纶长老壁

苏　轼

法师住焦山，而实未尝住[1]。我来辄问法，法师了无语。法师非无语，不知所答故。君看头与足，本自安冠屦[2]。譬如长鬣人[3]，不以长为苦。一旦或人问，每睡安所措。归来被上下，一夜无著处[4]。展转遂达晨，意欲尽镊去。此言虽鄙浅，故自有深趣。持此问法师，法师一笑许。

【注释】

〔1〕"法师住焦山"二句：这里化用《金刚经》中的"应生无所住心"，意思是法师住焦山佛寺，已达到心无所住的境界，即不执着于任何表面现象，去除了一切妄想杂念，领悟了事物的本质与真相。〔2〕屦（jù）：用麻、葛等做成的鞋。〔3〕长鬣（liè）人：长须人，胡子很长的人。〔4〕无著处：有版本作"着无处"。

● 口目相语

苏　轼

子瞻患赤目，或言不可食脍[1]。子瞻欲听之，而口不可。曰："我与子为口，彼与子为眼，彼何厚？我何薄？以彼患而废我食，不可。"子瞻不能决。口谓眼曰："他日我瘖[2]，汝视物，吾不禁也。"

【注释】

〔1〕脍：切得很细的鱼或肉。〔2〕瘖（yīn）：同"喑"，嗓子哑，不能出声。

● 试笔自书

苏　轼

吾始至南海，环视天水无际，凄然伤之，曰："何时得出此岛耶？"已而思之：天地在积水中，九州在大瀛海中，中国在少海中[1]，有生孰不在岛者？覆盆水于地，芥[2]浮于水，蚁附于芥，茫然不知所济[3]。少焉水涸，蚁即径去，见其类，出涕曰："几不复与子相见，岂知俯仰之间，有方轨八达之路[4]乎？"念此可以一笑。戊寅九月十二日，与客饮薄酒小醉，信笔书此纸。

【注释】

〔1〕"天地在积水中"三句：这是古人对宇宙的认识，最初由先秦时代的学者邹衍提出，司马迁《史记·孟子荀卿列传》中对这一理论有简要介绍。〔2〕芥（jiè）：小草。〔3〕济：渡过水流。〔4〕方轨八达之路：平坦宽阔、通向四面八方的路。

● 作伪心劳

苏　轼

贫家无阔藁荐〔1〕，与其露足，宁且露首。君观吾侪〔2〕有顷刻离笔砚者乎？至于困睡，犹似笔也。小儿子不解人事〔3〕，问："每夜何所盖？"辄答云："盖藁荐。"嫌其太陋，挞〔4〕而戒之曰："后有问者，但云被〔5〕。"一日出见客，而荐草挂须上。儿从后呼曰："且除面上被。"此所谓作伪心劳日拙者耶？

【注释】

〔1〕藁荐（gǎo jiàn）：草席。〔2〕吾侪（chái）：我辈。〔3〕不解人事：不懂人情世故。〔4〕挞（tà）：用鞭、棍等打人。〔5〕但云被：有版本作"但云盖被"。

书四适赠张鹗

苏　轼

张君持此纸，求仆书，且欲发药[1]。不知药，君当以何品？吾闻《战国策》中有一方，吾尝服之，有效，故以奉传。其药四味而已，一曰"无事以当贵"，二曰"早寝以当富"，三曰"安步以当车"，四曰"晚食以当肉"。夫已饥而食，蔬食有过于八珍[2]。而既饱之余，虽刍豢[3]满前，惟恐其不持去也。若此可谓善处穷者矣。然而于道则未也[4]。安步自佚[5]，晚食自美，安以当车与肉为哉？车与肉犹存于胸中，是以有此言也。

【注释】

〔1〕发药：开药方，这里借以说一些鼓励劝勉的话。〔2〕八珍：泛指美味佳肴。〔3〕刍豢（chú huàn）：泛指肉类食物。〔4〕于道则未也：从领悟世界本质的更高修养而言，还没有达到最高的境界。〔5〕佚：安乐。

第15讲　热爱自然的苏轼：我本麋鹿性

他生来就像麋鹿一样充满了野性，面对绳索、鞍辔等外在拘束，无法表现出牛马那样驯服的姿态。即使身为朝廷的达官显贵，苏轼热爱自然与自由的天性也丝毫没有改变，内心无时无刻不向往着远离红尘、潇洒江湖的隐居生活。

"自然"一词，有两个最基本的含义：首先，"自然"是指天然的、不受人力干预和影响的天地宇宙，也就是我们通常所说的自然界；其次，"自然"是指不勉强、不造作，即自由自在、无拘无束的生命状态。而"麋鹿"是一种特别警觉的野生动物，习惯于远离人类，生活在深林茂草之中。麋鹿是自然之子，是野性与自由的象征。

● 聊为山水行，遂此麋鹿性

苏轼特别喜欢以麋鹿自比，他说：

我本麋鹿性，谅非伏辕姿。

（苏轼《次韵孔文仲推官见赠》）

他生来就像麋鹿一样充满了野性，面对绳索、鞍辔等外在拘束，无法表现出牛马那样驯服的姿态。又说：

我坐华堂上，不改麋鹿姿。

（苏轼《和陶饮酒二十首·其八》）

即使身为朝廷的达官显贵，苏轼热爱自然与自由的天性也丝毫没有改变，内心无时无刻不向往着远离红尘、潇洒江湖的隐居生活：

> 逝将江海去，安此麋鹿姿。
>
> （苏轼《次韵钱穆父会饮》）

可是，为了承担社会的责任与履行家庭的义务，他无法任性而为，不得不努力约束自我。因此，他感叹：

> 嗟我本何人，麋鹿强冠襟。
>
> （苏轼《和潞公超然台次韵》）

身着峨冠博带的官服，出入庄严富丽的朝堂、官府，对于苏轼而言，就像习惯于山林生活的麋鹿被强行羁勒一样，浑身都不自在。在闲暇的时候，在苦闷的时候，在遭遇重大挫折的时候，回归自然，释放天性，是他最本能的选择。

年少时在故乡眉山，一有空闲，苏轼就喜欢漫山遍野地游玩。每次和小伙伴一起登山涉水，他总是一马当先。假如遇到道路险阻、水流湍急等情况，无法抵达最美的风景，他便觉得十分遗憾，怅然若失，久久不能释怀。有时他翩然独往，徜徉在高山大川、清泉怪石之间，折花摘果，酌水畅饮。他潇洒清朗的风度气质，让远远看见他的樵夫渔父，误认为是神仙下凡。

步入仕途后，四十余年，走南闯北，足迹遍布四方。无论处境如何，无论年纪多大，苏轼对山水自然的兴致始终不减。他五十七岁在颍州做知州。清澈的颍水绕城而过，令他深深沉醉：

> 我性喜临水，得颍意甚奇。到官十日来，九日河之湄。
>
> （苏轼《泛颍》）

坐在船上，他就像个孩子似的，跟自己的水中倒影嬉笑娱乐：

> 画船俯明镜，笑问汝为谁？忽然生鳞甲，乱我须与眉。散为百东坡，顷刻复在兹。
>
> （苏轼《泛颍》）

微风吹过，水面上泛起细细的涟漪，水中东坡的眉毛和胡须都凌乱了。更有趣的是，每一道波纹里都有一个东坡，水中出现了千百个东坡。很快风停了，水面重新归于宁静，千百个东坡又复归于一。他就是这样自得其乐，并由此生发出深刻的哲理思考。

为了能更加方便地欣赏颍水风光，他发挥创意，设计了一款移动式园亭。这座园亭可开可合，顶上用红油布遮雨，四周用青帐幕挡风，非常简便，一个人就可以扛着走。从此，临风望月、饮酒赋诗等雅事再也不受场地、季节等客观条件的制约了。苏轼将这座亭子命名为"择胜亭"，还写了一篇《择胜亭铭》。

苏轼六十多岁谪居岭海，受尽种种磨难。但是，他照样赏玩沿途的风光，南国的奇丽风景照样令他沉醉。在罗浮山，在白水岩，他两次观赏到摄人心魄的壮观山火；在海南，他一次次亲历排山倒海、令人胆战心惊的飓风；还有广州清远峡雷吼雪溅般的峻急山溪，儋耳山高耸灵秀、土石五色斑斓的突兀孤峰……回首之际，他将这七年的坎坷与艰辛，视为今生最神奇、最难忘的一次旅游：

> 九死南荒吾不恨，兹游奇绝冠平生。
>
> （苏轼《六月二十日夜渡海》）

● 西湖天下景

苏轼一生走过千山万水，在他记忆中最温暖明媚的或许是杭州西湖。他曾经两次在杭州任职，每一次身心疲惫地来到这里，都能感受到久违的宁静、清新和愉悦，烦恼和郁闷也不知不觉消融在山间水畔，不见一丝痕迹。

美丽的西湖四季如画：夏天水涨湖深，幽蓝妩媚；秋天金风送爽，粉红、洁白的莲花次第开放；冬天雪舞长空，云水茫茫；春天新蒲出水，垂柳倒映湖面，别具清新明丽之姿……真可谓"湖上四时看不足"！

他喜欢在望湖楼上看新月初升的西湖夜景：

> 新月如佳人，出海初弄色。娟娟到湖上，潋潋（liàn liàn，水波流动的样子）摇空碧。
>
> （苏轼《宿望湖楼再和》）

他也喜欢在风雨交加的日子，感受西湖不一样的动人情韵：

黑云翻墨未遮山，白雨跳珠乱入船。卷地风来忽吹散，望湖楼下水如天。

（苏轼《六月二十七日望湖楼醉书五绝·其一》）

西湖的画意在苏轼的笔下得到了最完美、最传神的描绘，苏轼的诗情也在西湖的美景中得到了最充分、最全面的展示。一首《饮湖上初晴后雨二首·其二》更以浅显易懂的语言、新颖贴切的比喻，成为千古绝唱：

水光潋滟晴方好，山色空蒙雨亦奇。欲把西湖比西子，淡妆浓抹总相宜。

就像那风华绝代的美女西施，浓妆淡抹，丽质天成，无论晴天雨日，西湖总以她的旖旎风光令人心旷神怡。从此，"西子湖"成了西湖的别名。

● **山水知音**

作为纯粹客观的物质世界，鬼斧神工的大自然只有在人类的注视和书写下，才呈现出意义和美感。因此，佳山胜水待知音，但从来山水知音少。而苏轼以他善于发现的眼光与极富创造力的诗笔，成为当之无愧的山水知音。

苏轼曾说："凡物皆有可观。苟有可观，皆有可乐，非必怪奇伟丽者也。"（苏轼《超然台记》）因此，他不仅喜欢随时随地赏玩风景，而且善于欣赏人们司空见惯、视而不见的平常景物。无论是名山胜水、江河湖海，还是最为日常的日月星辰、风霜雨雪，他都由衷地热爱，用心地观赏。在他充满诗意和赏爱的眼光里，再平常的景物也变得美丽不凡起来。

四十五岁，苏轼被贬黄州。这是一座背山面水的荒远小城，从来不以山水著称。苏轼的到来却改变了这一切。

他住在紧靠长江边的临皋亭，这是一所废弃的水上驿站，春天潮湿，夏天酷热。但苏轼却在这简朴的住宅里发现了无限美妙的江山胜境：

寓居去江干（jiāng gān，江边）无十步，风涛烟雨，晓夕百变，江南诸山，在几席（jǐ xí，几和席，坐卧的器具）上，此幸未始有也。

（苏轼《与司马温公五首·其三》）

所居江上，俯临断岸（江边绝壁），几席之下，风涛掀天。

（苏轼《答吴子野七首·其四》）

足不出户，或舒适、自在地躺卧于床榻，或慵懒、闲散地斜倚着几案，而水上千帆、接天巨浪、江南烟雨、杳杳孤鸿尽收眼底，更有清江白云左右环绕，山峦林野携手相访，真是无比快意：

东坡居士酒醉饭饱，倚于几上，白云左绕，清江右洄，重门洞开，林峦坌（bèn，一起）入。当是时，若有思而无所思，以受万物之备，惭愧！惭愧！

（苏轼《书临皋亭》）

　　临皋亭过于狭窄，为了方便接待远道来访的朋友，苏轼后来在东坡修建了一座五间房的农舍，取名为"雪堂"。雪堂落成后，苏轼白天在东坡劳作，晚上在雪堂读书著述，深夜才回到临皋亭的住所。从临皋亭到东坡、雪堂，要经过一条长长的黄泥路，路的左边是长江，右边是长满杂草树木的柯山。这是黄州随处可见的那种黄泥路，天晴的日子尘土飞扬，下雨的时候泥泞满地，但是在苏轼灵心慧眼的观照下，这条普通的黄泥路竟也呈现出动人的美质：

大江汹以左缭兮，渺云涛之舒卷。草木层累而右附兮，蔚柯丘之葱蒨。

（苏轼《黄泥坂词》）

　　他往往在夜深人静的时候才披着清淡的月色，独自走回临皋亭，一路谛听手杖撞击在凹凸不平的路面上所发出的清脆声响，心头洋溢着澄净的喜悦：

雨洗东坡月色清，市人行尽野人行。莫嫌荦确（luò què，坚硬，不平）坡头路，自爱铿然曳杖声。

（苏轼《东坡》）

季节的迁转，物候的变化，大自然每时每刻都在带给我们惊喜，苏轼总是带着新奇与欣喜的心情，领受着自然丰厚的馈赠，从每样最普通、最细小的事物中，发现无穷的乐趣：

> 林断山明竹隐墙，乱蝉衰草小池塘。翻空白鸟时时见，照水红蕖细细香。
>
> 村舍外，古城旁，杖藜徐步转斜阳。殷勤昨夜三更雨，又得浮生一日凉。
>
> （苏轼《鹧鸪天·林断山明竹隐墙》）

然而，大自然给予人类的最好恩赐却并不是人人都能得而受之，多少风景被我们匆匆错过！正如苏轼在《记承天寺夜游》中所说，何夜无月？何处无竹柏？但少"闲人"尔！这里的"闲人"并非指闲散无事之人，而是指心境自由、澄明的诗人与哲人，他们不为利禄所缚，不被得失所牵，不因世务所累，不受时空所限。无数世人司空见惯，熟视无睹的月光、竹柏、乱蝉、衰草，在他的心中、眼中焕发出绝美的风姿。这是一个精神世界无限丰富的人，对人生、对天地宇宙充满温情。

● **赤壁三咏**

苏轼从自然景物中发现美，感受美，愉悦自我，放松心情，也从自然景物中受到启迪，思考人生，获得重新出发的智慧与勇气。

黄州城西北长江之滨有座红褐色石崖，形状像鼻子，当地人称为"赤鼻山"或"赤鼻矶"；又因崖石屹立如壁，也称"赤壁"。深碧的江水衬着红色的崖石，十分明丽醒目。赤壁矶上乔木苍然，赤壁矶前云涛际天，是山水俱佳的游览胜地。唐代以来的诗文，有意无意地把它和三国时赤壁之战的古战场牵连在一起，因此又是个凭吊古迹的地方。苏轼经常到这里游玩，风雨苍茫之日登高远眺，波平浪静之时则泛舟江中。黄州赤壁就像是苏轼灵感的渊薮，他每一次前来都会留下一篇绝美的文字。

一天，苏轼又来到赤壁，站在矶头，望着滚滚东去的长江，想到自己一生坎坷，少年壮志付之东流，不禁俯仰古今，浮想联翩，写下著名的词作《念奴娇·赤壁怀古》：

大江东去，浪淘尽，千古风流人物。故垒西边，人道是，三国周郎赤壁。乱石穿空，惊涛拍岸，卷起千堆雪。江山如画，一时多少豪杰。

遥想公瑾当年，小乔初嫁了，雄姿英发。羽扇纶巾，谈笑间，樯橹灰飞烟灭。故国神游，多情应笑我，早生华发。人生如梦，一尊还酹江月。

古往今来，滔滔东逝的长江水，见证过多少丰功伟业！一去不返的岁月之河，又带走了多少英雄豪杰！赤鼻矶的西边，还有古代残留的堡垒，人们传说那是著名的赤壁之战的遗迹。这场战争发生在东汉建安十三年（208），当时曹操初步统一了北方，率军二十余万南下。孙权与刘备结盟，以五万兵力应战，火烧赤壁，大破曹军，奠定了曹、孙、刘三方鼎峙的局面。孙刘联军主帅周瑜（字公瑾），当时年仅三十四岁，他容貌俊美，风度闲雅，精通音乐，是著名的儒将。前来协助作战的诸葛亮，以及他们的对手曹操，都是历史上声名赫赫的文武全才。如今，将近千年过去，赤鼻矶上横空突兀的乱石，惊涛激浪拍击江岸的巨响，以及汹涌江潮卷起的雪白波峰，仍足以让人想象当时的壮阔场景。

词的开篇以如椽的巨笔，勾勒出无垠时空的宏大场景，随即陡然收缩，在无限的时间流上，截取三国赤壁这一有限的空间展开抒写。词的下片，笔触进一步收缩，好似电影中的特写镜头，集中在周瑜这一具体人物身上，写他的美满姻缘，写他的少年英俊，他的服饰表现出风度的闲雅，他的谈笑彰显出胸有韬略，"樯橹灰飞烟灭"仅仅六个字，概括了一场恶战，突出战事的顺利和战果的辉煌。然而，在开篇两句所揭示的无情宇宙法则的笼罩下，人类的"壮阔"与"辉煌"竟显得如此微不足道！大江奔腾，江山如画，千百年来一如既往，无论是辉煌抑或是惨败，都将像沙砾一样，被时光之水淘汰。"故国神游"以下，转写诗人的感慨：假如周瑜死后有知，神游故地，他会如何看待曾经的辉煌？又会如何理解成败兴亡的意义？他会嘲笑我多情，嘲笑我执着于人生得失而愁白了双鬓。人生如梦，终归虚无，只有江水、明月才是永恒的存在。抚平了心底的波澜，诗人举杯祝月，领受这夜静时分的无边美景。

词中包含着苏轼政治理想落空的悲哀，但是他将这种悲哀融汇在壮阔的江山与久远的历史中，写得气势恢弘。这是强者的悲啸，而不是弱者的悲泣。它不会使人落泪，而使人油然产生一种苍凉悲壮的崇高之感。在超越古今的巨大时空背景映衬下，小我的忧患显得多么无足轻重！正是有了这样一种历史的通观，苏轼得以从悲哀中解脱出来。按照儒家的传统观念，"人生如梦"的虚幻感充满了消极色彩，这种原本消极的思想却在苏轼身上起到了积极的作用，使他在逆境中不被沉重的失意情绪所压垮，而始终保持旷达乐观的胸怀。

《念奴娇·赤壁怀古》是江边独步、神游古今的动人抒写，《赤壁赋》与《后赤壁赋》则是朋俦同游、疑义相析的诗意记录。

赋是一种介于诗文之间的传统文体，多运用铺张、排比等手法，讲究词采，杂以骈偶韵语。这一文体渊源于《楚辞》，经过汉赋、魏晋抒情小赋，到唐代律赋，进入宋代后逐渐走向散文化，称为"文赋"。苏轼的前、后《赤壁赋》就是宋代文赋的突出代表。

《赤壁赋》运用主客问答这一赋的传统手法，但不是简单地借设问以说理。主客间的长篇对话，实际上是苏轼自己的心灵独白，展示了他思想波折、挣扎和解脱的过程。首先写"苏子"陶醉于清风明月交织而成的江山美景之中，逗引起"羽化登仙"的超然之乐；继而写"客"对曹操等历史人物兴亡的凭吊，跌入现实人生的苦闷；最后写"苏子"从眼前水月立论，阐发"变"与"不变"的哲理，直至在旷达乐观中得到解脱。这里，从游赏之乐，到人生不永之悲，再到旷达解脱之乐，正是苏轼在厄运中努力坚持人生理想和生活信念的艰苦思想斗争的缩影。散文的笔势笔调，使全篇文情勃郁

侍歌而和之其聲嗚嗚然如怨如慕如泣如訴餘音嫋嫋不絕如縷舞幽壑之潛蛟泣孤舟之嫠婦

蘇子愀然正襟危坐而問客曰何為其然也客曰月明星稀烏鵲南飛此非曹孟德之詩乎東望夏口西望武昌山川相繆鬱乎蒼蒼此

非孟德之困於周郎者乎方其破荊州下江陵順流而東也舳艫千里旌旗蔽空釃酒臨江橫槊賦詩固一世之雄也而今安

地之間物各有主苟非吾之所有雖一毫而莫取惟江上之清風與山間之明月耳得之而

為聲目遇之而成色取之無禁用之不竭是造物者之無盡藏也而吾與子之所共適客喜而笑洗盞更酌肴核既盡

杯盤狼籍相與枕藉乎舟中不知東方之既白

赤壁賦

壬戌之秋七月既望蘇子與客泛
舟遊于赤壁之下清風徐來水
波不興舉酒屬客誦明月之詩
歌窈窕之章少焉月出于東山
之上徘徊於斗牛之間白露橫江
水光接天縱一葦之所如凌萬
頃之茫然浩浩乎如馮虛御風而
不知其所止飄飄乎如遺世獨立
羽化而登仙於是飲酒樂甚扣
舷而歌之歌曰桂棹兮蘭槳擊

況吾與子漁樵於江渚之
上侶魚蝦而友麋鹿駕一葉之
扁舟舉匏尊以相屬寄蜉蝣
於天地渺滄海之一粟哀吾生
之須臾羨長江之無窮挾飛
仙以遨遊抱明月而長終知不
可乎驟得託遺響於悲風蘇
子曰客亦知夫水與月乎逝者
如斯而未嘗往也盈虛者如彼
而卒莫消長也蓋將自其變者
而觀之則天地曾不能以一瞬

◉《行書赤壁二賦冊》(節選,《赤壁賦》)

◉ 文〔北宋〕蘇軾　◉ 書法〔元〕趙孟頫

顿挫，像"万斛泉源"喷薄而出。与骈赋、律赋讲究整齐对偶不同，它的抒写更为自由。骈散夹杂、参差疏落之中有整饬之致，从而使全篇特别宜于诵读，极富声韵之美。

如果说《赤壁赋》以说理为主，阐明了苏轼对自然与人生的真实了悟，那么《后赤壁赋》则承续上文，以写景叙事为主，在现实情境中将这一番真实了悟落实到行动。前后两赋相互映衬，相映生辉。全篇呈现的是一种随缘任性、清澈无滓的自然之境。诗人处处以自然本心遇人处事，无有杂念二心，乐则乐，悲则悲，恐则恐。当行则行，当止则止，一如江山景色，秋冬更迭，发乎自然，毫无刻意造作的人为痕迹。"划然长啸"的诗人与"戛然长鸣"的孤鹤一样，都是涤尽了世俗机心的自然之子，他虽敏感于"曾日月之几何，而江山不可复识矣"的飞速变化，却没有"哀吾生之须臾，羡长江之无穷"的悲叹，物与我合一，我又何所哀、何所羡？这便是对《赤壁赋》所极力发挥的自然妙旨的形象注解。文章构思空灵奇幻，云中孤鹤、梦中道士与诗人自身，三而一，一而三，迷离惝恍，难以言说，读来真有"凭虚御风，羽化登仙"之感。

● 小舟从此逝，江海寄余生

苏轼的骨子里始终散发着摆脱世俗羁绊的自由精神，他的作品也无一不透露出对自然、自由的生命状态如饥似渴的热爱与追求，因此人们称他为"坡仙"，担心他随时都会抛离卑琐凡庸的世俗生活，或羽化登仙，或乘舟远去，由此还闹出不少笑话。

有天晚上，苏轼和一帮朋友在东坡雪堂饮酒，直到夜深才乘醉回家。家人全都睡着了，敲门也没有反应，他索性站在江边欣赏水天相接、风露浩然的江景，忽然心有所感：荣辱得失如今皆已淡然，唯有衣食身家之累没法解脱，所以还得在这纷纷扰扰的世上奔波忙碌，真希望像真正的隐士一样，放舟五湖，潇洒地度过余生。于是作歌一首，对着江面高歌数遍：

夜饮东坡醒复醉，归来仿佛三更。家童鼻息已雷鸣。敲门都不应，倚杖听江声。

长恨此身非我有，何时忘却营营！夜阑风静縠纹平。小舟从此逝，江海寄余生。

（苏轼《临江仙·夜归临皋》）

第二天一早，这首歌词便已传遍全城，人们都在绘声绘色地传说，苏轼昨夜吟唱此歌之后，把官服挂在江边，驾着一叶小舟长啸而去。黄州知州听到这个传闻，又惊又怕，他与苏轼私交很好，又有监管之责，一旦走失，朝廷一定严加追查，那时可就担待不起。急忙带人亲自前去查看，谁知苏轼还在梦中，鼾声如雷。

其实，苏轼热爱自由，羡慕神仙、隐士的潇洒自在，但他也同样热爱我们这个不自由、不完美的现实世界。他从来都没有打算做一个真正的神仙或隐士，但他以神仙、隐士般的超然，面对生活给予他的种种打击、伤害和磨难，而回馈给这个世界以永不枯竭的热情、诗意与美好！

相关作品精读

● 六月二十七日望湖楼醉书五首·其一

苏 轼

黑云翻墨[1]未遮山，白雨[2]跳珠乱入船。卷地风来忽吹散，望湖楼下水如天。

【注释】

〔1〕黑云翻墨：乌云迅速布满天空，就像白纸被打翻的墨水染黑。〔2〕白雨：雨如白珠，形容雨势很大。

● 饮湖上初晴后雨二首·其二

苏 轼

水光潋滟[1]晴方好，山色空蒙[2]雨亦奇。欲把西湖比西子，淡妆浓抹总相宜。

【注释】

〔1〕潋滟（liàn yàn）：水波流动的样子。〔2〕空蒙：缥缈，

迷茫。《苏轼诗集》作"空濛"。

六月二十日夜渡海

苏 轼

参横斗转[1]欲三更，苦雨终风[2]也解晴。云散月明谁点缀[3]？天容海色本澄清。空余鲁叟乘桴[4]意，粗识轩辕奏乐声[5]。九死南荒[6]吾不恨，兹游奇绝冠平生。

【注释】

〔1〕参（shēn）、斗：星宿名。横、转：指星座位置的移动。〔2〕苦雨：下个不停的雨。终风：吹个不停的风。〔3〕云散月明谁点缀：这里化用了《晋书·谢重传》中的典故，谢重在司马道子家作客，正值月色明净。道子认为极好，谢重却认为不如有云彩点缀。道子开玩笑说：你自己心地不干净，还想将天空也弄得污秽吗？〔4〕鲁叟：指孔子。桴（fú）：小筏子。《论语·公冶长》记载，孔子曾说："道（王道）不行，乘桴浮于海。"〔5〕轩辕奏乐声：这里指涛声，同时暗指老庄玄理。《庄子·天运》中说，黄帝在洞庭湖边演奏《咸池》乐曲，并借音乐说了一番玄理。轩辕，即黄帝。〔6〕九死：历尽艰险。南荒：南方边疆，指岭南的惠州、儋州。

赤壁赋

苏 轼

壬戌[1]之秋，七月既望[2]，苏子与客泛舟，游于赤壁之下。清风徐来，水波不兴。举酒属客[3]，诵明月之诗，歌窈窕之章[4]。少焉，月出于东山之上，徘徊于斗牛[5]之间。白露横江，水光接天。纵一苇之所如[6]，凌万顷之茫然。浩浩乎如冯虚御风[7]，而不知其所止；飘飘乎如遗世独立，羽化而登仙[8]。

于是饮酒乐甚，扣舷而歌之。歌曰："桂棹兮兰桨，击空明兮溯流光[9]；渺渺兮予怀，望美人[10]兮天一方。"客有吹洞箫者，倚歌而和之。其声呜呜然，如怨如慕，如泣如诉，余音袅袅，不绝如缕，舞幽壑之潜蛟，泣孤舟之嫠妇[11]。

苏子愀然[12]，正襟危坐而问客曰："何为其然也？"客曰："'月明星稀，乌鹊南飞'，此非曹孟德[13]之诗乎？西望夏口，东望武昌，山川相缪[14]，郁乎苍苍，此非孟德之困于周郎者乎？方其破荆州，下江陵，顺流而东也，舳舻[15]千里，旌旗蔽空，酾酒[16]临江，横槊[17]赋诗，固一世之雄也，而今安在哉！况吾与子渔樵于江渚之上，侣鱼虾而友麋鹿，驾一叶之扁舟，举匏樽[18]以相属。寄蜉蝣于天地，渺沧海之一粟[19]。哀吾生之须臾，羡长江之无穷。挟飞仙以遨游，抱明月而长终。知不可乎骤得，托遗响[20]于悲风。"

苏子曰："客亦知夫水与月乎？逝者如斯，而未尝往也[21]；

盈虚者如彼，而卒莫消长也〔22〕。盖将自其变者而观之，而天地曾不能以一瞬；自其不变者而观之，则物与我皆无尽也，而又何羡乎？且夫天地之间，物各有主，苟非吾之所有，虽一毫而莫取。惟江上之清风，与山间之明月，耳得之而为声，目遇之而成色，取之无禁，用之不竭，是造物者之无尽藏也〔23〕，而吾与子之所共适〔24〕。"

客喜而笑，洗盏更酌，肴核〔25〕既尽，杯盘狼籍。相与枕藉〔26〕乎舟中，不知东方之既白。

【注释】

〔1〕壬戌：元丰五年（1082）。〔2〕既望：十六日。〔3〕属（zhǔ）客：给客人斟酒，劝客人喝酒。〔4〕明月之诗、窈窕（yǎo tiǎo）之章：指《诗经·陈风·月出》。〔5〕斗（dǒu）牛：星宿名，斗宿和牛宿。〔6〕纵一苇之所如：即任小舟飘荡。一苇：形容小船。所如：所往。〔7〕冯（píng）虚御风：腾空驾风而行。〔8〕遗世独立：抛开人世，无牵无挂。羽化而登仙：道家认为成仙后可以长出翅膀，飞升成仙。〔9〕击空明兮溯流光：船桨击打着清澈的江水，船儿在月光映照的水面上逆流而行。〔10〕美人：古代诗文中常用来象征贤君或美好理想。〔11〕"舞幽壑之潜蛟"二句：形容箫声悲凉，令人感动，使藏在深渊的蛟龙也痛苦地舞动起来，使孤舟上的寡妇不禁伤心落泪。嫠（lí）妇：寡妇。〔12〕愀（qiǎo）然：忧伤的样子。〔13〕曹孟德：三国时期的政治家、军事家、文学家曹操。〔14〕相缪（liáo）：环绕。〔15〕舳舻（zhú lú）：泛指前后首尾相接的船。〔16〕酾（shī）酒：斟酒。〔17〕横槊（shuò）：横持长

283

矛，形容气概豪迈。〔18〕匏樽（páo zūn）：酒器。〔19〕"寄蜉蝣于天地"二句：形容人的生命短暂而渺小。蜉蝣（fú yóu）：朝生暮死的小虫。〔20〕遗响：余音，指箫声。〔21〕逝者如斯：化用《论语·子罕》中的句子。"子在川上，曰：'逝者如斯夫！不舍昼夜。'"斯：指水。未尝往：没有消失，始终还是一江的水。〔22〕"盈虚者如彼"二句：月亮有圆有缺，但它的本体始终没有消失或变大。〔23〕造物者：指天地自然。无尽藏（zàng）：无尽的宝藏。〔24〕共适：共享。〔25〕肴核：菜肴果品。〔26〕相与枕藉（jiè）：互相紧靠着，纵横交错地躺在一起。

● 念奴娇·赤壁怀古

苏　轼

　　大江东去，浪淘尽，千古风流人物[1]。故垒[2]西边，人道是，三国周郎[3]赤壁。乱石穿空，惊涛拍岸，卷起千堆雪。江山如画，一时多少豪杰。

　　遥想公瑾当年，小乔初嫁了[4]，雄姿英发。羽扇纶巾[5]，谈笑间，樯橹[6]灰飞烟灭。故国神游，多情应笑我，早生华发[7]。人生如梦，一尊还酹江月[8]。

【注释】

　　〔1〕风流人物：杰出不凡的人物。〔2〕故垒（lěi）：古代的

堡垒。〔3〕周郎：三国时期吴国名将周瑜，字公瑾。〔4〕小乔初嫁了：吴国有两大美女，大乔、小乔。大乔嫁给了吴国国主孙策，小乔嫁给了周瑜。〔5〕羽扇纶（guān）巾：东汉末年儒将的装束，拿着羽毛扇子，戴着青丝带的头巾。形容态度从容、优雅。〔6〕樯橹：指曹军的战船。樯（qiáng）：船上的桅杆。橹（lǔ）：船桨。〔7〕"故国神游"三句：周瑜若神游故地，应笑我多愁善感，连头发都花白了。华发：花白头发。〔8〕一尊还酹江月：举酒酬月。尊：同"樽"，酒器。酹（lèi）：把酒浇在地上，表示祭奠。

临江仙·夜归临皋

苏　轼

夜饮东坡醒复醉，归来仿佛三更。家童[1]鼻息已雷鸣。敲门都不应，倚杖听江声。

长恨此身非我有[2]，何时忘却营营[3]！夜阑风静縠纹平[4]。小舟从此逝，江海寄余生。

【注释】

〔1〕家童：家僮，仆人。〔2〕此身非我有：身不由己，不能自主。〔3〕营营：追求奔逐。指为世俗名利而奔忙。〔4〕夜阑：夜将尽，深夜。縠（hú）纹：绉纱似的细纹，比喻细细的水波。

图书在版编目（CIP）数据

课读经典. 8, 15 讲精读苏轼/崔铭著. —上海：复旦大学出版社，2023.5
ISBN 978-7-309-16510-4

Ⅰ.①课… Ⅱ.①崔… Ⅲ.①阅读课-中学-教学参考资料 Ⅳ.①G634.333

中国版本图书馆 CIP 数据核字（2022）第 193851 号

课读经典 8：15 讲精读苏轼
KEDU JINGDIAN 8：15 JIANG JINGDU SU SHI
崔 铭 著
责任编辑/刘西越

复旦大学出版社有限公司出版发行
上海市国权路 579 号 邮编：200433
网址：fupnet@fudanpress.com http://www.fudanpress.com
门市零售：86-21-65102580 团体订购：86-21-65104505
出版部电话：86-21-65642845
上海丽佳制版印刷有限公司

开本 890×1240 1/32 印张 9.125 字数 190 千
2023 年 5 月第 1 版
2023 年 5 月第 1 版第 1 次印刷

ISBN 978-7-309-16510-4/G·2430
定价：42.00 元